essentials

essentials liefern aktuelles Wissen in konzentrierter Form. Die Essenz dessen, worauf es als „State-of-the-Art" in der gegenwärtigen Fachdiskussion oder in der Praxis ankommt. *essentials* informieren schnell, unkompliziert und verständlich

- als Einführung in ein aktuelles Thema aus Ihrem Fachgebiet
- als Einstieg in ein für Sie noch unbekanntes Themenfeld
- als Einblick, um zum Thema mitreden zu können

Die Bücher in elektronischer und gedruckter Form bringen das Expertenwissen von Springer-Fachautoren kompakt zur Darstellung. Sie sind besonders für die Nutzung als eBook auf Tablet-PCs, eBook-Readern und Smartphones geeignet. *essentials:* Wissensbausteine aus den Wirtschafts-, Sozial- und Geisteswissenschaften, aus Technik und Naturwissenschaften sowie aus Medizin, Psychologie und Gesundheitsberufen. Von renommierten Autoren aller Springer-Verlagsmarken.

Weitere Bände in der Reihe http://www.springer.com/series/13088

Almudena Henkel · Jens Merheim

Digitales Bewegtbild im Media-Mix

Grundlagen, Herausforderungen und Planungsbeispiele

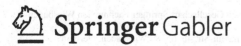

Springer Gabler

Almudena Henkel
Hamburg, Deutschland

Jens Merheim
Hamburg, Deutschland

ISSN 2197-6708 ISSN 2197-6716 (electronic)
essentials
ISBN 978-3-658-31962-5 ISBN 978-3-658-31963-2 (eBook)
https://doi.org/10.1007/978-3-658-31963-2

Die Deutsche Nationalbibliothek verzeichnet diese Publikation in der Deutschen Nationalbibliografie; detaillierte bibliografische Daten sind im Internet über http://dnb.d-nb.de abrufbar.

Planung/Lektorat: Imke Sander
Springer Gabler ist ein Imprint der eingetragenen Gesellschaft Springer Fachmedien Wiesbaden GmbH und ist ein Teil von Springer Nature.
Die Anschrift der Gesellschaft ist: Abraham-Lincoln-Str. 46, 65189 Wiesbaden, Germany

Was Sie in diesem *essential* finden können

- Das *essential* verschafft einen globalen Überblick über den aktuellen Bewegtbildmarkt.
- Das *essential* zeigt Indikatoren für den planerischen Einsatz auf.
- Das *essential* zeigt anhand konkreter Planungsbeispiele, wie die theoretischen Erkenntnisse in die Praxis umzusetzen sind.
- Das *essential* kann auf Basis der großen Marktdynamik nur einen Blick auf den zum Zeitpunkt existierenden Bewegtbildmarkt geben.
- Das *essential* erhebt keinen Anspruch darauf, dass jede Planungsanforderung mit den Inhalten des Buches korreliert – vielmehr soll es zum Nachdenken und Durchdenken aller Facetten anregen, die im digitalen Bewegtbild eine Rolle spielen.

Vorwort

Nach einem Gespräch mit einem langjährigen Weggefährten und Freund, der gerade selbst dabei war, sein Thema in einem Fachbuch niederzuschreiben, kam der Impuls, dies auch zu tun. Aus dem Beratungsalltag war klar, dass wir mit einem Fachbuch zum Thema Digitale Bewegtbildplanung gegen das identifizierte Defizit anschreiben möchten. Ein Segment, in das kontinuierlich mehr investiert wird und in dem aktuellen Media-Mix sehr zeitgemäß, zielführend und effizient erscheint. Ob das dann tatsächlich auch so ist, sollte der geneigte Leser am Ende des Buches für sich und seine Kampagnen bzw. seinen Beratungsalltag entscheiden. Wir möchten all denen gratulieren, die nach der Lektüre dieses Buches für sich einen Haken hinter die eigene Planung und Umsetzung setzen können. Für alle anderen, die per se mehr über die Digitale Bewegtbildplanung erfahren möchten bzw. die eigenen Kampagnen challengen möchten, haben wir versucht, das Thema anhand von fiktiven Szenarien tiefer zu beleuchten. Uns liegt es am Herzen, die Qualität und Effizienz in der Mediaplanung nachhaltig zu verbessern und wir hoffen, dass es uns gelingt, den einen oder anderen Quick Win zu generieren, wenn man sich tiefergehend mit dem Thema auseinandersetzt.

Nun wünschen wir viel Spaß bei der Lektüre und eine erfolgreiche Umsetzung in den Alltag!

Hamburg   Jens Merheim
im August 2020   Almudena Henkel

Inhaltsverzeichnis

Über die Autoren

Almudena Henkel hat über 17 Jahre in führenden Digital- und Media-agenturen im Bereich der Digitalberatung mit Schwerpunkt Mediaplanung und Kommunikationskonzepte gearbeitet, bevor sie sich als Digitalberaterin selbst-ständig gemacht hat. Schaffung von Transparenz sowie Prozessentwicklung und -optimierung sind neben der klassischen Mediaplanung ein Feld, in dem sie sich wegen der steigenden Komplexität und Verzahnung von Media und Kreation Experten-Know-how aufgebaut hat. Über die Zeit hat sie Performance- wie auch klassische Markenkunden mit Schwerpunkt FMCG betreut und sich zuletzt detailliert mit dem Thema Bewegtbild auseinandergesetzt.

Jens Merheim hat Mediaplanung von der Pike auf gelernt. Nach über 20 Jahren Berufserfahrung in renommierten Agenturen auf Top-Positionen hat er sich mit der Manage Media GmbH selbstständig gemacht. Die Themen Digital und ver-netzte Kampagnen begleiteten ihn vom Start seiner Karriere, sodass er auf einen großen Erfahrungsschatz zurückgreifen kann. Sein Ziel ist es, die Qualität der Mediaplanung in einer komplexer werdenden Zeit nachhaltig zu verbessern.

Begriffliche Definition und Abgrenzung 1

Fangen wir gleich mit einem interessanten Fakt an. Anders als bei den meisten – auch noch so spezifischen Begrifflichkeiten – ergibt eine Google-Suche keine nennenswerten Ergebnisse, wenn man nach der Definition „Digitales Bewegtbild" sucht.

Selbst Wikipedia vermag dazu keine eindeutige Definition liefern, sodass sich ein Spannungsfeld von den landläufigen Begrifflichkeiten im Marketing-Latein bis hin zu spezifischen Themenfeldern im Bereich Film-Produktion ergibt.

Klar ist, dass das Digitale in der Begrifflichkeit sehr stark mit den Distributionswegen verbunden ist und dass Bewegtbild letztlich mit fließenden Inhalten zu tun hat.

Die Distributionswege und -kanäle haben in den letzten Jahren eine rasante Entwicklung genommen, sodass wir mittlerweile ein breites Feld an Distributionswegen haben, die in diesem Buch beleuchtet werden.

Die Begrifflichkeit Bewegtbild war klassisch mit den Medien TV und Kino verknüpft, hat aber durch die zunehmende Digitalisierung eine Dynamik erhalten, die sich sowohl gestalterisch als auch in der Nutzung massiv weiterentwickelt hat.

Zusammenfassend ist folgende Definition die Basis dieses Buches:

▶ **Digitales Bewegtbild** ist die Verbreitung fließender Inhalte mit und ohne Ton über digitale Distributionswege/-kanäle.

Mit Blick auf die Distributionswege/-kanäle umfasst diese Definition ein breites Spektrum an nutz- bzw. buchbaren Medien und geht weit über eine reine online-spezifische Orientierung hinaus.

Letztlich umfasst Digitales Bewegtbild entsprechend TV-Werbung über SMART-TV-Lösungen, (D)OOH-Flächen, digitale Kinos und natürlich im

© Der/die Autor(en), exklusiv lizenziert durch Springer Fachmedien
Wiesbaden GmbH, ein Teil von Springer Nature 2020
A. Henkel und J. Merheim, *Digitales Bewegtbild im Media-Mix,* essentials,
https://doi.org/10.1007/978-3-658-31963-2_1

engsten Sinne und den in der Regel hier auch besprochenen Kanal Online bzw. Desktop und Mobile.

Dieses Buch wird sich auf den Online-Teil des Digitalen Bewegtbildes fokussieren und alle Themen rund um TV-Werbeoptionen, Kino und (D)OOH ausschließen, da die planerischen Anforderungen den Rahmen sprengen würden. Dennoch werden an der einen oder anderen Stelle Vergleiche gezogen, die im Kontext der Bewertung für den Media-Mix relevant sind.

Fazit: Die definitorische Grundlage dieses Buches ist die Betrachtung der fließenden Inhalte mit und ohne Ton, die im Kontext von Online-Verbreitungswegen/-Kanälen distribuiert werden.

Konkret beschäftigen wir uns mit den Themenfeldern

- VOD-Plattformen
- Social-Media-Kanäle
- Bewegtbildeinsatz auf Websites
- Bewegtbildeinsatz in mobilen Umfeldern

Der Bewegtbildmarkt in Deutschland – aktuelle Player

2

Im Vergleich zu anderen Gattungen ist eine klare und überschneidungsfreie Kategorisierung der Player im Bewegtbildmarkt nicht möglich, da es hinsichtlich verschiedener Parameter signifikante Unterschiede zwischen den einzelnen Playern gibt. Deswegen kann man zunächst nur eine sehr grobe Einteilung nach drei Arten von Playern definieren:

1. Weltweite Player wie YouTube, Facebook, Instagram, Snapchat, Twitch, TikTok…
2. VOD-Plattformen der TV-Vermarkter (TVNOW, JOYN – die Mediatheken der Öffentlich-Rechtlichen schließen wir hier aus, da sie werblich nicht belegbar sind)
3. Portfolio-Vermarktung über diverse Vermarkter (Teads, Factor 11, Ströer, Media Impact…)

Das nächste grobe Unterscheidungskriterium ist die Art und Weise, wie das Bewegtbild auf der jeweiligen Plattform eingebunden wird, wobei sich wieder eine differenzierte Zusammensetzung der Player ergibt.

Man unterscheidet die Begrifflichkeiten Instream, Outstream, Infeed und Inpage, wobei diese Kategorisierung nicht überschneidungsfrei möglich ist, da sich die Angebote der einzelnen Vermarkter auch in den Buchungsformen überlappen.

© Der/die Autor(en), exklusiv lizenziert durch Springer Fachmedien Wiesbaden GmbH, ein Teil von Springer Nature 2020
A. Henkel und J. Merheim, *Digitales Bewegtbild im Media-Mix,* essentials,
https://doi.org/10.1007/978-3-658-31963-2_2

2.1   Definitionen

- **Instream:** Das Werbevideo ist „im Stream" vor einem Video, in der Mitte oder nach dem Video platziert.
- **Outstream:** Das Werbevideo läuft außerhalb eines Streams, und zwar
  - **Inpage:** Video-Inhalte sind z. B. in einem Banner integriert und können überall auf der Seite platziert werden
  - **Infeed:** Dieses Format ist direkt im Artikel, also quasi im Herzen des redaktionellen Inhalts, platziert. Das Video wird automatisch beim Scrollen der Seite aktiviert

Geht man im Vergleich der Plattformen einen Schritt weiter, so ergeben sich zahlreiche weitere Fragestellungen, die später unter planerischen Gesichtspunkten wichtig sind:

- Das Inventar – In welchem inhaltlichen Umfeld ist man präsent?
- Die Reichweite – Wie viele Nutzer können über die Plattform erreicht werden?
- Das genutzte Device – Mobiles Endgerät oder großformatige Devices?
- Die Nutzungssituation – In welchem Modus befindet sich der User?
- Die Nutzungsdauer – Wie hoch ist die Verweildauer im jeweiligen Umfeld?

Ergänzend zu diesen Kriterien sind Targeting und Preis zu ergänzen, um ein vollumfängliches Bild zu den einzelnen Plattformen im Sinne von Nutzbarkeit und Wirtschaftlichkeit zu erhalten.

2.2   Der Blick auf das Inventar

YouTube

Das Inventar von YouTube unterscheidet sich deutlich von den meisten anderen Playern da sich sowohl User Generated als auch professioneller Content innerhalb der Umfelder findet. Damit ist die Struktur heterogener als bei den meisten anderen Playern, die im Kern nur über professionellen Bewegtbild-Content verfügen.

Durch diese Struktur verfügt YouTube über eine große Menge an Content-Produzenten (Content Creators), sodass auch das mit Abstand größte Inventarvolumen auf der Plattform vorhanden ist.

Dies spiegelt sich auch in den potenziellen Nutzerzahlen wider. Laut des View-Time Reports 2019 der SevenOneMedia[1] geben unter den 14–69-Jährigen im 4. Quartal 2019 rund 78 % der Deutschen an, mindestens selten YouTube-Videos zu nutzen. Daraus ergeben sich bei einem Potenzial von rund 58 Mio. Personen in dieser Alterskategorie rund 45 Mio. potenzielle Nutzer.

Die Nutzungsdauer liegt gemäß des View Time Reports in dieser Alterskategorie im Schnitt bei 12 min. Im Vergleich zeigt sich bei den 14–39-Jährigen mit 23 min eine knapp doppelt so hohe Nutzungszeit.

TV-VOD-Plattformen: TV NOW, JOYN

Für die Sendergruppen AdAlliance und ProSiebenMedia AG stellen die VOD-Plattformen sehr wichtige strategische Säulen in der zukünftigen Ausrichtung der Medienhäuser dar. Es geht um die Kompensation der geringer werdenden TV-Reichweiten in jüngeren Zielgruppen und die Erschließung eines neuen Revenue Streams. Senderseitig sind die VOD-Plattformen deutlich priorisiert worden, was sich an exklusiven Produktionen zeigt, sowie an den großen medialen Kampagnen, die für die Plattformen geschaltet werden.

Die Anfangszeit der VOD-Plattformen war vor allem dadurch geprägt, dass ältere Folgen zum Teil gegen ein Entgelt abgerufen werden konnten. Aktuell geht es um exklusive Pre-Views und aufwendige und hochwertige Eigenproduktionen, um die Relevanz gegen die große Konkurrenz (Netflix & Co.) zu erhöhen und das vermarktbare Werbeinventar zu erhöhen.

Die Entwicklung der Plattformen ist sehr dynamisch und hat sich durch die Corona-Zeit deutlich beschleunigt. So werden in der VAUNET-Mediennutzungsanalyse MEDIENNUTZUNG IN DEUTSCHLAND 2019[2] für TV NOW 3,91 Mio. Unique User ausgewiesen und 3,46 Mio. Unique User für JOYN.

Von der Mediengruppe RTL sind zum April 2020 Zahlen aus der AGF in Zusammenarbeit mit GfK/DAP videoSCOPE 1.3[3] veröffentlicht worden, die für

---

[1]Quelle: SevenOneMedia/forsa, 2019, View Time Report https://www.sevenonemedia.de/research/mediennutzung/viewtime-report.

[2]Quelle: VAUNET – Verband Privater Medien e. V., VAUNET-Mediennutzungsanalyse MEDIENNUTZUNG IN DEUTSCHLAND 2019 https://www.vau.net/system/files/documents/vaunet_mediennutzung-2019-publikation.pdf.

[3]Quelle: AGF in Zusammenarbeit mit GfK/DAP videoSCOPE 1.3/MG RTL Data & Audience Intelligence/vorl. gew./Stand: 31.03.2020 agof daily digital facts/Basis 16+/Zeitraum 1.3.-31.3.2020 interne Quellen Mediengruppe RTL Deutschland https://www.presseportal.de/pm/72183/4562032.

TV NOW 5,95 Mio. Unique User ausweisen und für JOYN 3,92 Mio. Unique User. Wie nachhaltig diese Werte sind bleibt sicher abzuwarten, zeigt aber die zunehmende Akzeptanz und Relevanz dieser Kanäle in der medialen Gesamtnutzung.

TV-Vermarkter – Longtail-Plattformen: smartstream/smartclip

Die Mediengruppe RTL und die ProSiebenSat.1 Media bieten neben den VOD-Plattformen ein erweitertes Portfolio an, das die Websites der Sendergruppe bzw. der angeschlossenen Medienkonzerne beinhaltet.

In diesem Portfolio befinden sich in der Regel keine exklusiven Inhalte, aber durch das breit gefächerte Portfolio kann eine hohe Reichweite generiert und spezielle Interessens- /Themen-Areale können geclustert werden.

Das Portfolio von smartstream liegt laut eigenen Angaben auf der Website www.smartstream.tv bei aktuell über 50 Mio. Unique User pro Monat in Deutschland. Mit vom Anbieter selbst kommunizierten weltweit 70 Mio. Unique User und deutschlandweit 39 Mio. pro Monat[4] liegt die Zahl bei smartclip deutschlandweit etwas niedriger aber aufgrund der schon älteren Quelle liegen die Zahlen wahrscheinlich eher höher.

Aus diesen Zahlen ist zu erkennen, dass durch die Bündelung der Bewegtbildreichweiten über das gesamte Portfolio ein sehr großes Vermarktungsinventar erreicht werden kann.

Klassische Digitalvermarkter

Relativ ähnlich zu den Longtail Units der großen TV-Häuser agieren die klassischen digitalen Vermarkter wie Ströer, Teads oder Factor 11. Digitales Bewegtbild wird über ein breites Portfolio an angeschlossenen Websites angeboten.

Durch die Bündelung aller Bewegtbildinventare aus dem Vermarktungsverbund können hohe Reichweiten generiert werden. Die Struktur des Contents ist thematisch breit gestreut.

Social-Media-Plattformen

Die Content-Struktur in den sozialen Medien setzt sich auch aus User Generated Content und professionellem Content zusammen. Auf den Plattformen Facebook und Instagram zum Beispiel finden sich auch viele Influencer, die Bewegtbildinhalte über diese Kanäle distribuieren und kapitalisieren.

---

[4]Quelle: smartclip.com, 2016, https://www.smartclip.com/de/node/880.

Klassische Medienhäuser nutzen die hohen Reichweiten auf den sozialen Kanälen, um kleine Content-Schnipsel zu distribuieren und damit die Reichweitenbasis zu erhöhen bzw. Awareness für die Inhalte zu generieren. Dieser Markt erlebt aktuell auch eine sehr hohe Dynamik, da es vor allem in den einzelnen Altersgruppen massive Verschiebungen gibt. Das sind zusätzliche Auswirkungen, die möglicherweise aus der aktuellen Content- und Datenschutzdiskussion resultieren.

Mit Blick auf den View Time Report 2019 der SevenOneMedia[5] sind es aktuell rund 43 % der 14–69-Jährigen, die in Q4 2019 angeben, dass zumindest selten facebook genutzt wird. Das entspricht rund 25 Mio. Nutzern aus dieser Alterskategorie. Bei den 14–39-Jährigen ist über die letzten drei Jahre sogar ein Rückgang von 70 % in Q4 2016 auf 57 % in Q4 2019 gesunken.

Die Nutzungszeit liegt in Q4 2019 bei rund 11 min für die 14–69-Jährigen und bei 13 min bei den 14–39-Jährigen. Diese hat sich von 26 min aus Q4 2016 sogar halbiert.

Konträr verhält sich die Entwicklung bei Instagram mit steigenden Nutzerzahlen sowohl bei den 14–69-Jährigen mit 27 % seltener Nutzung und bei den 14–39-Jährigen mit aktuell 47 % seltener Nutzung. Damit haben sich die Zahlen seit Q4 2016 nahezu verdoppelt. Die Nutzungszeit liegt mit 8 min bei den 14–69-Jährigen noch niedriger im Vergleich zu Facebook, aber mit 18 min bei den 14–39-Jährigen deutlich höher.

Snapchat, TikTok und auch Twitch scoren aktuell sehr stark bei den (sehr) jungen Zielgruppen und leben schwerpunktmäßig von User Generated Content. Da diese (u. a. auf Basis limitierter Werbe- und Aussteuerungsmöglichkeiten) in den gängigen Bewegtbildkampagnen, auf die wir uns in diesem Buch fokussieren, eher eine noch untergeordnete Relevanz haben, werden diese Plattformen im Folgenden nicht weiter berücksichtigt.

2.3 Die Bewegtbildnutzung

Die Nutzung von linearem TV wurde klassischerweise einer „Lean Back"-Nutzung zugeordnet. Die Zuschauer haben sich in Ruhe berieseln/unterhalten lassen. Im Gegensatz dazu wurde die Nutzung im digitalen Raum als

---

[5]Quelle: SevenOneMedia/forsa, 2019, View Time Report https://www.sevenonemedia.de/research/mediennutzung/viewtime-report.

„Move Forward" bezeichnet. Durch die direkten Responsemöglichkeiten wurden die User animiert zu klicken, eine E-Mail Adresse zu hinterlassen oder an Gewinnspielen etc. teilzunehmen.

Gerade in Bezug auf die Bewegtbildnutzung ist es notwendig, diese globale Unterscheidung zu verfeinern, um die kanal- und contentspezifischen Differenzierungen zu berücksichtigen.

Prägend sind dabei die genutzten Devices und der genutzte Content. Beide Aspekte sind eng miteinander verwoben, da der Content weitestgehend auf die Devices abgestimmt ist.

Bei YouTube und den Social-Media-Kanälen liegt die mobile Nutzung bei rund 90 %. Stationäre Devices spielen in der Gesamtnutzung nur eine untergeordnete Rolle.

Der hohe Anteil der mobilen Nutzung ist einerseits der starken Verbreitung von mobilen Endgeräten geschuldet, aber auch dem immer stärkeren Fokus auf das mobile Endgerät in allen Situationen des Lebens. Die Nutzung ist meist kurz/ überbrückend und eher unfokussiert. Der Content wird „gesnackt" und die einzelnen Inhalte werden meist schnell hin- und hergeswitcht. Die Portale führen und halten den User durch Vorschläge weiterer Inhalte, sodass eine hohe Nutzungszeit resultiert, die mit einer Vielzahl an Inhalten verbunden ist. Da die Portale meist über den Tag verteilt immer wieder sequenziell genutzt werden, resultiert über den Tag verteilt eine hohe Nutzungsdauer.

Wichtig ist in dem Zusammenhang zu bedenken, dass ein Großteil der jungen Generationen den ersten Kontakt mit dem Internet über ein mobiles Endgerät gemacht hat, so dieses Device als Enabler in die digitale Welt genutzt wird.

Bei Facebook und Instagram erscheinen Bewegtbildinhalte auch im Stream bzw. im Newsfeed und müssen so aufmerksamkeitsstark kreiert sein, dass diese einen „Thumbstopper" auslösen und der User sich tatsächlich mit den angebotenen Inhalten beschäftigt. Ein interessanter Fakt dabei ist, dass laut einer Erhebung des Smartphoneherstellers OnePlus[6] in den Social-Media-Netzwerken pro Tag Strecken von mehr als 170 m beim Scrollen zurückgelegt werden. Das entspricht in etwa der Länge von knapp zwei Fußballfeldern und ist sicherlich ein Indiz für den geringen Aufmerksamkeitsfokus.

Facebook Watch bündelt in der App alle Bewegtbildinhalte und löst durch Vorschläge weiterer Videos einen ähnlichen Sog wie bei YouTube aus. Der User wird

---

[6]Quelle: OnePlus, Deutsche scrollen jeden Tag durchschnittlich 173 m auf ihren Smartphones, 2019 https://unternehmer.de/news/229696-smartphone-studie.

durch weitere Inhalte, meist passend zum Interesse bzw. Nutzungsverhalten, in der Nutzung gehalten.

Das Nutzungsverhalten kann nicht wirklich als „Lean Back" bezeichnet werden, da der User meist sehr aktiv an der Reihenfolge der Inhalte involviert ist und dementsprechend Content überspringt, der nicht relevant ist.

Allerdings würden wir das Verhalten auch nicht als „Move Forward" im klassischen Sinne bezeichnen, da der User sich nicht zwingend von der Bewegtbildnutzung wegbewegt, um z. B. einen Kauf auszulösen.

Dennoch muss man sich aus der Sicht eines Werbungtreibenden die Frage stellen, mit welchem werblichen Inhalt man die User in einem solchen Content-Flow erreichen bzw. rausreißen kann.

Den Gegenpol bilden die VOD-Plattformen. Laut dem aktuellen View Time Report 2019 der SevenOneMedia[7] konsumieren „nur" 9 % der Nutzer die kostenpflichtigen VOD-Inhalte auf dem mobilen Endgerät. Über 80 % konsumieren die Inhalte am TV-Gerät, an einem PC oder einem Laptop. Diese Inhalte werden auf dem größtmöglichen Screen konsumiert. Die Nutzung entspricht sehr stark dem Bild des TV-Konsums und die Nutzer weisen eine hohe Aufmerksamkeit, ein hohes Involvement und in der Tat eher eine „Lean Back"-Haltung analog zum linearen TV-Konsum auf.

Wir sehen dabei zwei Aspekte, die dieses Verhalten erklären:

1. Die Verbreitung von TV-Endgeräten in jungen Zielgruppen hat abgenommen und andere Devices werden genutzt, um TV-Inhalte zu konsumieren. In diesem Kontext kann man unter Nutzungsgesichtspunkten aus unserer Sicht nur von TV-Nutzung über ein digitales Device sprechen und nicht von digitalem Bewegtbild.
2. Logischerweise macht es weniger Spaß, hochwertig produzierte Serien/Filme über ein sehr kleines Device zu schauen, sodass die größeren Devices genutzt werden. Die Nutzung zeigt sich in deutlich längeren Verweildauern und damit einer in sich geschlossenen längeren Nutzungszeit.

Die VOD-Nutzung sehen wir sehr nah an der klassischen TV-Nutzung – also „Lean Back", sodass es für die Werbetreibenden dahin gehend auch ein dank-

---

[7]Quelle: SevenOneMedia/forsa, 2019, View Time Report https://www.sevenonemedia.de/ research/mediennutzung/viewtime-report.

bareres Umfeld ist, da Werbepausen gelernt und auch in einer gewissen Länge akzeptierter sind, als bei den Social-Media-/YouTube-Plattformen.

Zwischen den Welten Social Media/YouTube und VOD verteilt sich die Bewegtbildnutzung auf die klassischen digitalen Vermarkter.

Die Aussteuerung entspricht in etwa dem gesamtheitlichen Konsum mit einer Gleichverteilung von 50 % Desktop und 50 % mobiler Nutzung. Je nach Vermarkter und den jeweiligen Websites kann sicherlich noch ausdifferenziert werden. Generell ist bei den klassischen Vermarktern auch nach wie vor von einer sehr hohen Büronutzung auszugehen, die maßgeblich für die höheren Desktop-Anteile verantwortlich ist.

Die generelle Bewegtbildnutzung in einer Zielgruppe Erwachsene 14–69 Jahre liegt gemäß des View Times Reports 2019 der SevenOneMedia[8] bei rund 289 min am Tag. Die TV-Nutzung (klassisch + alternativ) macht dabei 82 % aus und die digitale Nutzung rund 18 %, d. h. um die 50 min am Tag. Mit 26 min findet ca. die Hälfte des Konsums bei kostenlosen Angeboten statt, von denen YouTube wiederum mit rund 47 % den größten Anteil bei sich bindet.

2.4   Fazit

Digitales Bewegtbild ist nicht gleich digitales Bewegtbild.

Gerade vor dem Hintergrund von Marketing-Zielsetzungen und einem effizienten und effektiven Einsatz im Marketing-Mix ist eine intensive Auseinandersetzung mit den Plattformen, deren Stärken und Schwächen sowie der generellen Nutzungssituation der Konsumenten notwendig.

In keiner anderen Gattung gibt es aus unserer Sicht so eklatante Unterschiede, die berücksichtigt werden müssen, um eine optimale Spendingplanung aufzusetzen, die den Anforderungen des Kunden gerecht wird.

Für ein erstes Resümee aus diesem Kapitel soll die folgende Abbildung als Basis dienen, um die wichtigsten – aktuell gültigen – Aspekte im Vergleich zu visualisieren.

---

[8]Quelle: SevenOneMedia/forsa, 2019, View Time Report https://www.sevenonemedia.de/research/mediennutzung/viewtime-report.

	VOD / CATCH UP-TV (TVNOW / JOYN...)	LONGTAIL VERMARKTUNG (SMARTSTREAM, SMARTCLIP...)	VIDEOPORTALE (YOUTUBE...)	SOCIAL MEDIA KANÄLE (FACEBOOK / INSTAGRAM...)	INPAGE (ADAlliance, Ströer, UIM, TEADS...)	IN-AD VIDEO MIT PERFORMANCE GARANTIE (FACTOR 11...)
CONTENT UND UMFELD DER PLATZIERUNG	PROFESSIONELLER CONTENT DER TV-SENDER + EXKLUSIVER PORTAL CONTENT	VORNEHMLICH PROFESSIONELLER CONTENT DER ANGESCHLOSSENEN CONTENT-QUELLEN (TV-SENDER / VERLAGE...)	MIX AUS POFESSIONELLEM UND USER GENERATED CONTENT - MEIST KURZE CLIPS	MIX AUS PROFESSIONELLEM UND USER GENERATED CONTENT INNERHALB DES USERFEEDS BZW. STORIES / FACEBOOK WATCH	VORNEHMLICH PROFESSIONELLER CONTENT IM REDAKTIONELLEN UMFELD DER WEBSITES	PLATZIERUNG AUF SITEBAR-AD SLOT INNERHALB EINES BREITEN PORTFOLIOS AN UNTERSCHIEDLICHEN WEBSITES
NUTZUNGSMODUS	TV-ÄHNLICHES NUTZUNGSVERHALTEN - EHER LEAN BACK UND FOKUSSIERTERE AUFMERKSAMKEIT	HOHE ABHÄNGIGKEIT VON UMFELD UND THEMATISCHER PASSUNG DES CONTENTS	SCHWERPUNKTMÄßIG MOBILE HÄUFIGE UND KURZE NUTZUNGSZEITEN MIT EINER TENDENZIELL EHER FLÜCHTIGEN AUFMERKSAMKEIT	HÄUFIGE UND KURZE NUTZUNG IN EINEM PERSÖNLICH KURATIERTEN UMFELD MIT GERINGEN VERWEILDAUERN AUF EINZELNEM CONTENT	HOHE ABHÄNGIGKEIT VON UMFELD UND THEMATISCHER PASSUNG DES CONTENTS GENERELL WIRD DER LESEFLUSS DES USERS UNTERBROCHEN	STÖRT DEN NUTZER NICHT DIREKT IM NUTZUNGSFLUSS DER WEBSITE - IST DAMIT ABER AUCH NICHT IM DIREKTEN FOKUSFELD DES USERS
WERBERESONANZ	UNTERBRECHERWERBUNG ALS GELERNTES ELEMENT AUS DER TV-NUTZUNG BEKANNT UND ERWARTET UND DAMIT HÖHERE AKZEPTANZ	BEI THEMATISCH PASSENDER EINBINDUNG IST EINE POSITIVE RESONANZ MÖGLICH - REAKTANZEN KÖNNEN ABER AUCH DIE FOLGE UNPASSENDER WERBE-INHALTE SEIN	KURZE SPOTS WERDEN VON DEN USERN AKZEPTIERT - LÄNGERE TV-SPOT-ÄHNLICHE FORMATE WERDEN EHER WENIGER AKZEPTIERT	HOHE ABHÄNGIGKEIT DAVON, OB DER SPOT DEN USER ZUM STOPPEN BEWEGT - BEI INHALTEN PASSEND ZUM PERSÖNLICHEN CONTENT STEIGT DIE AKZEPTANZ	BEI THEMATISCH PASSENDER EINBINDUNG IST EINE POSITIVE RESONANZ MÖGLICH - REAKTANZEN KÖNNEN ABER AUCH DIE FOLGE UNPASSENDER WERBE-INHALTE SEIN	IN ABHÄNGIGKEIT VOM INHALT DES WERBEMITTELS KANN DAS INTERESSE DES USERS GENERIERT WERDEN
FORMAT-LÄNGEN-EMPFEHLUNG	GENERELL IST DIE EINBINDUNG VON LÄNGEREN TV-SPOT-FORMATEN MÖGLICH, WOBEI IDEALERWEISE NUR BIS 20" EINGESETZT WERDEN SOLLTE	SOWOHL LÄNGERE ALS AUCH KÜRZERE FORMATE DENKBAR - DER FOKUS SOLLTE AUF LÄNGEN BIS 15" LIEGEN	DER KLARE FOKUS SOLLTE AUF KURZEN FORMATEN 6" / 10" BIS MAXIMAL 15" FORMATEN LIEGEN - LÄNGERE FORMATE NUR IN VERBINDUNG MIT EINER PASSENDEN BUCHUNGSFORM	DER KLARE FOKUS SOLLTE AUF KURZEN FORMATEN LIEGEN - SPOTS SOLLTEN / MÜSSEN OHNE TON FUNKTIONIEREN	SOWOHL LÄNGERE ALS AUCH KÜRZERE FORMATE SIND DENKBAR - DER FOKUS SOLLTE AUF KURZEN FORMATEN LIEGEN	LÄNGERE FORMATE - BIS 30" - SIND AUFGRUND DER PERFORMANCE ABSICHERUNG DENKBAR

Der Einsatz von Bewegtbild in Bezug zu den Zielsetzungen 3

Wenn man über Ziele redet, möchten wir bezugnehmend auf die Briefings vieler Werbungtreibenden ein globales Ziel jeder Marketingaktivität wie folgt zusammenfassen: „Make the brand while you make the sale" oder vice versa. Ein ambitioniertes Ziel, das von Agenturen und Dienstleistern meist mit limitiertem Budget und keiner differenzierten Auseinandersetzung mit den klassischen Zielen und den Zielen für die digitale Welt bearbeitet werden muss.

Die Verlockung, digitales Bewegtbild in dem Kontext in den Mediaplan zu empfehlen ist groß, da man gedanklich die Stärken der Bewegtbildwelt (Marke) mit den Stärken des Kanals Online (Response) vereinen kann. Und das alles zu einem vermeintlich geringeren Budget im Vergleich zu einem klassischen Einsatz der Mittel in zum Beispiel linearer TV-Werbung.

3.1 Kommunikative Zielsetzungen

Generell ist es wichtig, ein Verständnis dafür zu gewinnen, dass

a) adie Erreichung kommunikativer Ziele mit einem bestimmten Set-p an Maßnahmen verknüpft ist und
b) bdie Zielsetzungen für digitale Kanäle spezifiziert werden müssen, um zielgerichtet agieren zu können.

Zielsetzungen bewegen sich in der Regel entlang des Marketing-Funnnels:

- Aufbau von Bekanntheit
- Schaffung von Likeability

© Der/die Autor(en), exklusiv lizenziert durch Springer Fachmedien Wiesbaden GmbH, ein Teil von Springer Nature 2020
A. Henkel und J. Merheim, *Digitales Bewegtbild im Media-Mix,* essentials, https://doi.org/10.1007/978-3-658-31963-2_3

* Erhöhung der Consideration
* Generierung von Sales

Aus den unterschiedlichen Ausprägungen dieser Ziele wird schnell ersichtlich, dass es unmöglich ist, diese Ziele mit einem gleichen Mix/medialen Einsatz zu bearbeiten. Es gilt also, individuelle mediale Anforderungen zu hinterlegen, um eine effektive und effiziente Bearbeitung zu ermöglichen. Die Ziele in den einzelnen Phasen im Funnel können sein:

* Aufbau von Bekanntheit => Schaffung einer hohen Reichweite/Öffentlichkeit
* Schaffung von Likeability => Positiver Transfer auf die Marke/das Produkt generieren
* Erhöhung der Consideration => Schaffung von Verwendungsanlässen
* Generierung von Sales => Website Traffic, Direct Sales, CpX-Ziele

Allein mit Blick auf diese unterschiedlichen Anforderungen wird klar, dass diese Ziele möglicherweise intern konkurrieren und dass es notwendig ist, diese Zielsetzungen medial – wie übrigens auch kreativ – individuell zu bearbeiten. Die Individualisierung der Werbemittel ist in der digitalen noch wichtiger als in der analogen Welt. Die enge und vor allem kanalspezifische Anpassung der Werbemittel ist keine Kür, sondern sollte zum Pflichtprogramm jeder Kampagne gehören.

3.1.1   Aufbau von Bekanntheit

Der Aufbau von Markenbekanntheit hat immer mit Reichweite zu tun, da es darum geht, eine breite Öffentlichkeit/Zielgruppe möglichst effizient und effektiv zu erreichen.

Je nach Bekanntheitsgrad der Marke, der Produktkategorie und der genutzten Mediengattung müssen individuelle Reichweitenziele definiert werden, die meist auch noch durch budgetäre Limitierungen beeinflusst sind.

Hat man diese Basisanalysen durchgeführt, stellen sich zwangsläufig viele weitere Fragen:

* Welche Reichweite soll im digitalen Raum erreicht werden?
* Welche Kontaktfrequenz ist notwendig, um die Marke effektiv zu kommunizieren?
* Welche Kanäle sollen dafür eingesetzt werden?

- Welche Formate sollen eingesetzt werden?
- Welche Einkaufsmodelle sollen genutzt werden?
- ….

Letztlich Fragestellungen, die sich auch bei der klassischen TV-Planung stellen, aber häufig aufgrund der einheitlicheren Nutzung und der transparenteren Sender-struktur deutlich einfacher zu beantworten sind.

Diese Fragestellungen beschäftigen zudem die Mediaplanung in allen Gattungen schon seit jeher und es wird nie eine eindeutige Antwort auf diese Fragestellungen geben, da immer ein direkter Kontext zu der Marke/dem Produkt und letztlich des Marktwettbewerbumfeldes geschaffen werden muss.

Darüber hinaus stellen sich im digitalen Raum weitere technische Hürden, die es bei der TV-GfK-Messung – trotz aller möglichen Bedenken gegen diese Mess-methode – nicht gibt.

Die digitalen Player schotten sich durch sog. „Wallet Gardens" ab und lassen dementsprechend keine akkurate plattformübergreifende Reichweitenmessung zu.

Durch kostenlose Tools und Studien kann man sehr transparent die jeweiligen Plattformen reporten und optimieren, aber sobald es darum geht Reichweiten zu addieren, muss man die Ebene der Datentiefe verlassen und „händische" Kumulationen vornehmen.

Ziel soll es nicht sein, die Barrieren zu überschreiten, die es in der digitalen Reichweitenmessung gibt, sondern vielmehr dafür zu sensibilisieren, dass es Limitierungen und Grenzen gibt, die man kennen sollte.

Als Ergebnis aus zahlreichen Kampagnen, die umgesetzt und über Befragungen getrackt worden sind, kann man festhalten, dass im digitalen Raum eine Mindest-Reichweite von 30 % in der Zielgruppe notwendig ist, um nachweisbare Effekte in Befragungen zu generieren. Dies in Kombination mit einem Kontakt-Niveau von 4–6 Kontakten, die pro User erreicht werden sollten, um wirksame Reichweiteneffekte grundsätzlich aufbauen zu können. Als Referenz-Zeitraum kann man eine Kampagnendauer von 4–8 Wochen heran-ziehen.

Auf einem solchen Niveau gilt: „Mehr hilft mehr", was sich vor allem auf die Erhöhung der Reichweite bezieht. Hierbei muss man aber immer im Blick behalten, dass das Mindest-Kontakt-Niveau auf Userebene auch erreicht werden muss, und dass dieses in den Altersbreaks gleichverteilt wird. Das bedeutet einer-seits, dass das Kontaktniveau bei den Heavy Usern begrenzt werden sollte, um keine negativen Assoziationen auszulösen, die nachweisbar im digitalen Raum schneller entstehen als bei der TV-Werbung, und andererseits, dass die Wenig-nutzer stärker angesteuert werden müssen.

Hat man das Reichweitenziel definiert, stellt sich im Anschluss die Frage, mit welchen Bewegtbidkanälen dieses erreicht werden soll. Wie oben bereits aufgezeigt gibt es starke Differenzierungen zwischen den Kanälen, sodass ein Abgleich darüber stattfinden muss, was in welcher Tiefe kommuniziert werden soll.

Von der TV-Welt kommend bewegt man sich im Regelfall zwischen 15- und 30-sekündigen Spots. Im digitalen Raum liegen die Formate eher zwischen 5 und 15 s, sodass rein objektiv anders zu kommunizieren ist und Inhalte anders vermittelt werden sollten. Additiv kommen gerade in der digitalen Welt neue Themen (Ton an/aus, Untertitel,...) zum Tragen, die sicherlich im Hinblick auf die Wertigkeit bzw. den Impact zu bedenken sind.

Dies ist mit den Einbuchungs- und Abrechnungsmodellen zu matchen, um einen Plan zu kreieren, der effizient und effektiv ist.

Konkreter werden wir später auf die Einkaufsmodelle eingehen.

Schlussfolgerung
Mindest-Reichweiten-Anforderung bei Branding-Kampagnen: 30 % Reichweite in der Zielgruppe mit 4–6 Durchschnittskontakten.
Berücksichtigung der zu kommunizierenden Inhalte, um eine optimale Auswahl der Werbemittel treffen zu können und eine effiziente Zielerreichung zu realisieren.

3.1.2 Schaffung von Likeability

Eine sehr passende Definition von Likeability findet sich bei dem Autor Paul Friederichsen „The five pillars of brand likeability"[1], der von fünf Säulen spricht, die die Likeability einer Marke bestimmen. Es geht um **Vertrauen, Relevanz, Uneigennützigkeit** in dem Sinne, dass die Marke Mehrwert stiftet, **Einfachheit** und als übergreifende Komponente um das Thema **Timing** im Sinne eines zeitlich sinnvollen Einsatzes.

Folgt man der Definition, so wird schnell klar, dass dieses Ziel kein reines Media-Thema ist, sondern nur durch ein sehr ausgefeiltes kreatives/ kommunikatives Konzept zu lösen ist.

---

[1]The Five Pillars Of Brand Likeability by Paul Friederichsen, https://www.brandingstrategy insider.com/the-five-pillars-of-brand-likeability/#.XxWsMSgzaUm.

Und man muss sich kritisch die Frage stellen, ob es in der digitalen Bewegt-bildwelt überhaupt möglich ist – mit Blick auf die 5 Säulen – die Likeability nachhaltig zu beeinflussen.

Deutlich wird, dass digitales Bewegtbild für ein solches Ziel begrenzt wirken kann, wenn man die Analogien zum TV schafft und sich mit den Säulen beschäftigt.

1. Über längere Spotformate können viele Elemente der beeinflussenden Faktoren transportiert werden. Die kürzeren digitalen Formate schaffen das deutlich weniger.

2. Eine sehr gezielte Aussteuerung nach Umfeldern ermöglicht z. B. auf das Vertrauen einer Marke einzuzahlen. So kann eine Marke, die ein Defizit im Bereich Vertrauen hat, sicherlich von einer Platzierung vor der Tagesschau – als das vertrauensvollste TV-Format – profitieren und gleichzeitig ein großes Publikum erreichen. So ist zwar eine granulare umfeldorientierte Aus-steuerung im digitalen Raum (mit sehr viel Aufwand) möglich, führt in der Folge aber zu sehr geringen Reichweiten.

Sicherlich kann es gelingen, über Bewegtbild und mit einem tollen kreativen Konzept auch die Likeability von Marken zu erhöhen, aber man sollte sich sehr gezielt Gedanken machen, welche Aspekte man fokussiert bearbeiten möchte, um das zu bewegen, was im Rahmen der Möglichkeiten bewegt werden kann.

Schlussfolgerung
- Nicht jedes mediale Ziel kann effizient über Bewegtbild bearbeitet werden.
- Es macht Sinn, sich auf einzelne kommunikative Parameter zu fokussieren, um diese mit Nachdruck zu bearbeiten (keine Verzettelung).

3.1.3 Erhöhung der Consideration

Produktpräferenzen spielen bei der Consideration eine wichtige Rolle. Meist sind in einer sehr breit angelegten Kommunikation nur die Kern-Trigger zu spielen, sodass versucht wird, über andere Optionen eine Vielfalt oder Verwendungs-anlässe zu zeigen. Dafür bietet die digitale Welt aufgrund der Granularität eine optimale Basis.

Außerhalb vom Bewegtbild sind die Tiefenintegrationen von beispielsweise Food-Marken in Food-Umfelder eine naheliegende und wirksame Option, unterschiedliche Verwendungsmöglichkeiten zu zeigen und damit die Käuferbasis zu erhöhen.

Ob in diesem Kontext Bewegtbild das richtige Format ist, muss man im Einzelfall entscheiden, da es vor allem sehr stark von der Kreation abhängt. Schafft man es zum Beispiel über ein Storytelling, den Bedürfnissen der Zielgruppe immer näher zu kommen, so kann man einen User sicherlich über unterschiedliche Formate binden. Auch kann man über diverse kurze Formate, aufbauend auf einer Basiskommunikation, Produktvarianten pushen.

Dabei stellt sich wie oben bereits erwähnt immer die Frage der notwendigen Durchdringung und des Kontakt-Niveaus, um spürbare Effekte zu generieren.

Medial heißt es, eine begrenzte Zielgruppe mit den passenden Botschaften zu bedienen und damit die Relevanz zu erhöhen.

Dazu sind tiefe Insights zur Zielgruppe notwendig, um diese dann sehr individuell bearbeiten zu können. In einer sehr granularen Planung werden die Reichweiten für das Gros aller Themen sehr begrenzt sein, sodass die digitale Kampagne sehr punktuelle Akzente setzen wird.

- Schlussfolgerung Storytelling-Ansätze können sehr gute Impulse setzen, um Zielgruppen mit spezifischen Botschaften dezidiert zu erreichen.
- Die Reichweiten werden bei den meisten dieser Ansätze sehr begrenzt sein, da affine Umfelder für spezielle Themen zu Limitierungen führen.

3.1.4 Generierung von Sales

Jede Art der Kommunikation sollte letztlich einen Einfluss auf den Sales haben, sodass man grundsätzlich sagen kann, dass Bewegtbildkampagnen auch einen positiven Impact liefern können. Die Frage, die sich in diesem Zusammenhang stellt, ist, ob der Einsatz von Bewegtbild in Bezug auf diese Zielsetzung die effizienteste Maßnahme ist.

Bleibt man zunächst in der digitalen Welt, so ist es vor allem der Website-Traffic, der als relevanter KPI für die Generierung von Sales herangezogen werden kann. Denn letztlich stellt ein zusätzlicher Besucher auf der Website die Basis für einen potenziellen Sales-Akt dar. Bekanntlich klicken Bewegtbildkampagnen deutlich schwächer als Display-/Mobile-Kampagnen und die Kommunikation zielt auch meist nicht auf Klicks ab, wodurch die kommunikative Klarheit fehlt. Entsprechend ist im Sinne der Effizienz ein Einsatz von Bewegtbild für diesen KPI meist nicht empfehlenswert.

Allerdings steigt die Relevanz von Bewegtbild im Sales Kontext, wenn man auf übergreifende TV-Kampagnen aufsetzt und Potenziale über digitale Maßnahmen ansprechen will, die man im TV unzureichend erreicht. Dabei geht es also nicht um den unmittelbaren Beitrag der Online-Kommunikation zum Sales-Akt, sondern um den mittelbaren Beitrag – analog zur TV-Kommunikation. Neben dem Aspekt der Erhöhung der Netto-Reichweite über die Integration von Bewegtbild zur Erreichung jüngerer Zielgruppensegmente spielen auch Multiplying-Kontakte eine Rolle, da die Botschaften digital pointierter und möglicherweise noch zielgenauer nachgesteuert werden können.

Die Planung und Umsetzung orientiert sich dabei sehr stark an der gesamtheitlichen Zielgruppe, der generierten TV-Leistung in den einzelnen demografischen Breaks und den Botschaften, die im digitalen Kontext vermittelt werden können.

Auf Basis dieser Analysen werden dann die Planungsparameter festgelegt, um eine ausgeglichenere Gesamtkampagne zu realisieren. Das Hauptaugenmerk sollte dabei auf den generierten GRP in den Zielgruppen-Breaks liegen, um explizit nachzusteuern und die Leistung gleichmäßiger zu realisieren.

Schlussfolgerung

• Der unmittelbare Beitrag zu salesfördernden Kampagnen von digitalen Bewegtbildkampagnen ist eher gering, da die Klick- und Responseraten im Vergleich zu anderen digitalen Optionen schwächer sind.

Vor allem in Kombination mit TV kann digitales Bewegtbild dafür sorgen, die Gesamtstruktur auszugleichen und/oder multiplizierende Kontakte zu generieren, die pointiert spezifische Botschaften highlighten.

3.2   Fazit

Die Einsatzempfehlung für Bewegtbild sollte in einem sehr engen Kontext mit Zielsetzungen, Zielgruppen und auch dem vorliegenden bzw. zu produzierenden kreativen Material gesehen werden.

Für den Einsatz des Digitalen Bewegtbildes sollten individuelle (digitale) Ziel-KPIs geschaffen werden, um eine Empfehlungs- und Bewertungsbasis zu schaffen.

Je nach Zielsetzung sind differenzierte Medien und Mixe als Referenzpunkt heranzuziehen, um den Einsatz im Sinne der Effizienz und Effektivität zu bewerten.

Letztlich sollte aus der Palette der Bewegtbildangebote das Set-up genutzt werden, welches unter Berücksichtigung der vorherigen Aspekte den größten Wirkungsbeitrag verspricht.

Herausforderungen in der Bewegtbildplanung

4

Zeitlich gesehen hat es im Bewegtbildmarkt mit Start des iPhones im Jahr 2007 eine sehr dynamische Entwicklung gegeben, die sicherlich noch nicht den Endpunkt erreicht hat. Stichwortartig lassen sich die Veränderungen seitdem wie folgt zusammenfassen:

- Rückgang von TV-Reichweiten – insbesondere in jüngeren Zielgruppen
- Steigende Second-Device-Nutzung
- Wachstum im Bereich Smart-TV
- Etablierung neuer Revenue Streams
- Start von mächtigen VOD-Plattformen (Netflix, Amazon Prime, Disney +,…)
- Etablierung des neuen Berufsbildes „Social Creator", die dafür sorgen, dass Unmengen an vermarktbarem Content von jedermann entstehen.
- Aufstieg und Abstieg von Sozialen Netzwerken
- Massiver Ausbau des Bereiches DOOH
- …

Damit musste sich der Markt neu sortieren – und tut es immer noch.

Das veränderte Mediennutzungsverhalten hat zu neuen Angeboten auf Anbieter-/Vermarkterseite geführt, und damit ist die Planungskomplexität für Kunden und Agenturen massiv gestiegen.

Die Marketing-/Media-Mixe haben sich in der Konsequenz deutlich verändert. Seit Jahren ist dabei zu beobachten, dass sich neue Trends sehr schnell im Marketing wiederfinden und die Nachhaltigkeit oftmals nicht so hoch ist, dass sich ein Investment wirklich rentiert. Man denke an die Zeit von „Second Life" oder auch an den „Pokemon-Go"-Hype, der dann auch relativ schnell wieder vorbei war. Geschwindigkeit ist damit ein sehr entscheidender Faktor geworden, um zeitgemäßes und aktuelles Marketing zu betreiben. Wer zu langsam ist, erwischt nur noch die Ausläufer des Hypes.

Dennoch gilt es, auch angesichts diverser Hypes, den gesunden Menschenverstand weiterhin zu nutzen und alle Entwicklungen auch auf Sinnhaftigkeit zu prüfen. Denn wie sagt man so schön: „Nicht jeder Trend is your friend".

Einige wenige provokante Fragestellungen sollen in diesem Zusammenhang als Gedankenspiel dienen:

- Heißt ein Rückgang der TV-Reichweite in gewissen Zielgruppen automatisch, dass diese Zielgruppen stärker, günstiger, effektiver digital zu erreichen sind?
- Warum wird die Second-Device-Nutzung nur negativ in Bezug auf die TV-Awareness gesehen? Das „Second Device" leidet ja gleichermaßen über eine geteilte Aufmerksamkeit.
- Sind TV-Nutzer, die ihr Gerät an das Netz angeschlossen haben, so viel wertiger, dass es deutlich teurer ist, diese (auch unter Berücksichtigung von Targetings) zu erreichen, als die Masse der Zuschauer des linearen TVs?
- Wie verhält es sich mit der Content-Qualität im digitalen Raum im Vergleich zu der oftmals bemängelten Qualität im TV-Bereich?
- Ist es betriebswirtschaftlich sinnvoll, sehr viele Kapazitäten in innovative Maßnahmen zu investieren, die meist extrem arbeitsintensiv sind, aber nur einen geringen Teil des Gesamt-Marketing-Etats betreffen?

Diese Fragestellungen sollen aufzeigen, dass es notwendig ist, nicht reflexartig zu handeln, sondern dass die Themenkomplexe zielgerichtet abgearbeitet werden müssen. Letztlich geht es um den Leistungsbeitrag und eine Abwägung der Mittel- und der Budgetverwendung.

Wenn wir uns auf den Ausschnitt des Bewegtbildes fokussieren, stellt man häufig fest, dass Bewegtbild wie ein weiterer TV-Sender in die TV-Planung integriert wird und dass das für die Kunden in sehr vielen Fällen auch ausreichend ist. Die exakte Ausgestaltung wird dann den Agenturen überlassen, was dazu führen kann, dass man durchaus an Planungseffizienz verliert.

Um dies zu vermeiden ist es wichtig, die Zielsetzungen für die Bewegtbildplanung klar festzulegen und sich sehr detailliert mit der Umsetzung zu beschäftigen.

Beschäftigen möchten wir uns in dem Kontext mit zwei gängigen Planungsanforderungen an die Bewegtbildplanung:

1. Realisierung einer Reichweitenkampange digital only
2. Erhöhung der TV-Reichweite durch eine additive Digitalkampagne

a) aüber die Gesamt-Zielgruppe

b) bin spezifischen Zielgruppensegmenten, die im TV zu wenig erreicht werden

Weiter oben haben wir die groben Planungsparameter dieser Varianten definiert. Nun möchten wir intensiver einsteigen und die Herausforderungen in der Planung beleuchten.

Diese umfassen u. a.:

- Hohe Fragmentierung der Umfelder
- Geringe/sehr zeitaufwendige Möglichkeiten der Umfeldaussteuerung
- Keine einheitliche Datenbasis auf Anbieterseite, die übergreifende Auswertungen ermöglicht
- Unterschiedliche Zielgruppen-Breaks (z. B.: YouTube nutzt die in den USA gängigen Altersbreaks)
- Unterschiedliche Pricing-Modelle, die unterschiedliche KPIs fokussieren

Es gibt viel zu bedenken – einfach formuliert haben diese Aspekte folgende Auswirkungen auf die Planung:

1. Es ist aktuell technisch nicht möglich, Reichweiten aller Bewegtbildanbieter zu einer Gesamt-Reichweite inkl. Berücksichtigung von etwaigen Überschneidungen zu ermitteln.
2. Zielgruppen können zum Teil nicht 1:1 abgebildet werden, sodass mitunter unterschiedliche demografische Zielgruppen verglichen werden.
3. Eine Umfeldaussteuerung – wie man sie aus dem TV kennt – ist im großen Stile aufwendig bis unmöglich.

Natürlich gibt es Mittel und Wege, wie man diesen Herausforderungen begegnen kann. Dazu existieren im Markt diverse Tools, die je nach Anbieter/Agentur unterschiedlich aufgesetzt sind. Im Kern geht es darum, die Reichweiten, die über digitale Kanäle realisiert werden, mit den TV-Reichweiten zu addieren, um so inkrementelle Effekte oder Kontakterhöhungen nachweisen zu können.

Bis dato kann es sich aufgrund der Struktur und der fehlenden Datentransparenz nur um Annäherungen handeln, die letztlich das quantifizieren, was auf Basis der Nutzungsveränderungen zwangsläufig ist. Dies ist keine Kritik an der generellen Datenerhebung, sondern soll vielmehr die Sensibilisierung für die Herkunft und Entstehung der Daten schaffen.

Die Datenerhebung wird ja häufig im Kontext der GfK-Panel-Erhebung diskutiert. Stellt man sich auf die Seite der „Digitalen" so wird sehr häufig das TV-GfK-Panel als nicht mehr zeitgemäß und maximal ungenau dargestellt. Kritikpunkte sind meist die geringe Anzahl der getrackten Haushalte und die fehlende Möglichkeit, die Aufmerksamkeit oder Anwesenheit zu berücksichtigen sowie, dass die Abstinenz der Nutzer in den Werbepausen nicht korrekt angegeben wird. Insgesamt gilt das Panel in der digitalen Welt weder als technisch zeitgemäß, noch generiere es annähernd korrekte Daten.

Die Seite der „Klassiker" kritisiert an der digitalen Welt die Zielgruppenungenauigkeit, die Existenz der sog. „Walled Gardens", die keine Aggregation von Daten erlauben, die durchaus unterschiedliche Kontakt- und Umfeldqualität in einem breiten Vermarkter-Set-up und das meist etwas intransparente Pricing in Bezug auf die tatsächlichen Zielgruppen-TKPs. Das mache die Bewertung digitaler Medien im Vergleich zu dem deutlich weniger komplexen und transparenteren TV-Markt wesentlich komplizierter.

Letztlich kann man den Argumenten beider Seiten etwas abgewinnen. Den Umgang mit den Zahlen muss zurzeit jeder für sich selbst, in Arbeitskreisen oder auch mit Dienstleistern koordinieren, um so Transparenz zu schaffen. Die Diskussionen werden weitergeführt und es muss darauf hingearbeitet werden, dass Alternativen zur Disposition gestellt werden.

Das alles hat in der Konsequenz einen massiven Einfluss auf die Mediaplanung, die nach wie vor an Komplexität gewinnt und gerade in den medialen Schnittmengen neue Potenziale ermöglicht.

Als letzten Punkt möchten wir bei den Herausforderungen noch auf die Implementierung der digitalen Bewegtbildplanung eingehen. Mit Blick auf die klassische TV-Planung legt man basierend auf der Zielgruppe und dem Spot-Format einen Sender-Zeitzonen-Mix fest, definiert ein GRP-Niveau und kauft auf dieser Basis die möglichst effizientesten und aufmerksamkeitsstärksten Termine ein, um das geforderte GRP-Level zu dem vereinbarten Preisniveau zu erzielen. Im Kampagnenverlauf werden in der Regel Termine optimiert, aber die Planung wird weitestgehend nicht mehr verändert.

In der Marktbeobachtung wird häufig ähnlich wie in der digitalen Bewegtbildplanung verfahren. Hier werden echte Effizienzpotentiale verschenkt, da die Optimierungsmöglichkeiten deutlich flexibler sind und es auf Basis der fehlenden Rabatte (YouTube, Facebook,…) deutlich einfacher ist, Budget hin- und her zu schieben. Wird dies auch gemacht? Aus unserer Erfahrung eher nicht, was auch sicherlich daran liegt, dass wenige Kunden oder auch Agenturen ihre Mediabudgets aufgrund intern vorhandenen Know-hows über jegliche Plattform beliebig shiften können bzw. auch Spezialdienstleister für einzelne Plattformen engagieren, wodurch Silos geschaffen werden. Zudem sind Shiftings und Umplanungen arbeitsintensiv, was Kunden wiederum auch nicht vergüten möchten. Somit drückt der höhere Arbeitsaufwand direkt auf die Margen.

Dazu kommt, dass man deutlich weniger Kenntnis darüber hat, auf welchem Niveau digitale Bewegtbildplanung stattfinden soll, und mit welchem Budget zu welchem TKP was zu erreichen ist. Das ist deutlich anders als im TV-Bereich, bei dem ein GRP-Niveau auf Basis der Aktivitäten des Wettbewerbs festgelegt werden, und als Richtgröße eine hohe Relevanz haben kann.

4.1   Ein Gedankenspiel

Im Rahmen einer Planung werden beispielsweise zur Erreichung eines gewissen Zielgruppensegments additiv zu den TV-Schaltungen 5 Mio. AdViews im Bewegtbild empfohlen. Diese sollen in einem Zeitraum von 4 Wochen platziert werden. Beispielhaft werden die Kontakte auf einer Videoplattform für einen TKP von 5 € eingekauft – ein Invest von 25.000 €. Die Marktgegebenheiten führen dazu, dass der Einkaufs-TKP deutlich besser ist, sodass man plötzlich feststellt, dass anstelle der 5 € nur 3 € TKP notwendig sind, um die Kampagnen-leistung einzukaufen. Mit anderen Worten bedeutet dies, dass die 5 Mio. Kontakte nur 15.000 € kosten würden. Da die 25.000 € allokiert sind, resultiert aber ein Volumen von 8,3 Mio. Video-Impressionen. Also eine Überlieferung von 40 %! Oftmals beobachtet man eine reflexartige Freude von Werbungtreibenden darüber, dass die Kampagne „so gut gelaufen" sei und man sich über die Mehrleistung ja freuen könne.

Diese Freude müssen wir etwas trüben. Denn kein TV-Kunde ist happy, dass statt 100 GRPs nun 140 GRPs erreicht worden sind. Es ist zwar kein additives Budget investiert worden, aber die Frage nach der planerischen Güte würde man sich sehr schnell stellen.

Im Digitalen werden oftmals Dinge hingenommen, die man in der klassischen Welt niemals akzeptieren würde. Und bei diesem kleinen Gedankenspiel – spielen es wir mal so zu Ende – stellen sich für uns einige Fragen:

1. Es ist zwangsläufig, dass die empfohlenen 5 Mio. Video-Impressionen deut-lich schneller erreicht sind als geplant – also nach ca. 2 ½ Wochen statt nach 4 Wochen. Warum wurde die Kampagne nicht gestoppt, wenn das Volumen erreicht ist?
2. Mit dem Argument, dass die Kampagne „so gut gelaufen sei" stellt sich die Frage, wie die Empfehlung über die 5 Mio. Video-Impressionen zustande

gekommen ist. War das nur eine Annahme? Oder steckte eine echte Ableitung dahinter?

3. Warum wurde nicht schon in Woche 1 die Kampagne nachjustiert und auf Basis der neuen Insights zum TKP angepasst?
4. Warum hat man das frei gewordene Budget, in dem Fall 10.000 €, nicht für eine alternative Verwendung oder als Saving genutzt?
5. Warum ist der Umgang mit Über- oder Unterlieferungen in der digitalen Welt so viel „entspannter" als z. B. im TV-Bereich, bei dem man sich z. T. mit Abweichungen von 2 GRPs beschäftigt?
6. Warum hat man die Kampagne nicht qualitativ optimiert, was eine Verteuerung des TKPs zur Folge gehabt hätte?

Gerade im Hinblick auf die qualitative Optimierung sehen wir das Thema Umfeld als sehr entscheidenden Optimierungshebel. Man kann sich gedanklich davon verabschieden, dass man eine so große Granularität herstellen kann wie bei der TV-Planung mit wöchentlichen Terminlisten und der Möglichkeit, tagesaktuell zu wissen, wann der Spot wo läuft.

Digitale Bewegtbildplanung ist insbesondere bei den großen Anbietern YouTube und Facebook zunächst eine Blackbox, die man zwar durch gewisse manuelle Einschränkungen punktuell justieren kann, die aber im Großen und Ganzen zunächst „blind" ausgespielt wird. In der Regel stellen wir auch fest, dass viele Kunden gar keine Umfeldlisten anfordern um sich diese anzuschauen, sodass die Kampagnen meist unoptimiert durchlaufen können. An der Stelle schlägt sich dann meist das System selbst, da die Algorithmen der Anbieter eine fokussierte Aussteuerung auf die Best Performer vornehmen und damit im Worst Case das meiste Volumen auf den Umfeldern realisiert wird, die man möglicherweise gar nicht haben will.

Wir hatten am Anfang dieses Buches über die Inventare gesprochen und möchten uns an der Stelle explizit mit YouTube beschäftigen. Die Unkenntnis wie und wo man läuft, ist in der Regel sehr groß. Wenn man sich allerdings intensiv mit den Umfeldlisten auseinandersetzt, so kommt man zu einer Einteilung, die unserer Erfahrung nach in etwa folgende Bausteine hat:

1. Kinderumfelder (Peppa Wutz & Co.)
2. Musikumfelder (Vevo & Co.)
3. Ausländische Inhalte/Serien (türkische Daily Soaps & Co.)
4. Der Rest besteht aus professionellem redaktionellem Content, Influencer Content, User Generated Content

In der „blinden" Aussteuerung liegt meist der Fokus in den ersten drei Kategorien, da dort auch prozentual das meiste Inventar vorhanden ist. In den Punkt 4 gelangt man nur, indem man manuell anfängt, täglich die Umfelder auszuschließen, da auch festzustellen ist, dass diese Umfelder durch Umbenennungen etc. immer wieder unter anderem Namen in die Pläne kommen. Exemplarisch möchten wir in folgender Tabelle aufzeigen, was durch die Optimierung bezüglich des Umfeldes möglich ist. Die Optimierung führt dann auch zu einem erhöhten TKP, da man beginnt, das Inventarvolumen deutlich zu beschränken.

Unoptimiert		Optimiert	
1.	Mascha und der Bär	1.	Wissenswert
2.	Çukur	2.	DER SPIEGEL
3.	Familie Hauser - Kinder Spielzeug Filme	3.	Sky Sport HD
4.	BabyBus - Kids Songs & Nursery Rhymes	4.	Goal Deutschland
5.	Cocomelon - Nursery Rhymes	5.	BILD FUSSBALL
6.	Маша и Медведь	6.	DAZN Bundesliga
7.	Güldür Güldür	7.	Standart Skill
8.	Like Nastya Vlog	8.	Like Nastya Vlog
9.	EpicStun	9.	Mamiseelen
10.	ArkivaShqip	10.	BILD
11.	Habertürk TV	11.	STEVE AND MAGGIE DEUTSCH
12.	⭐ Kids Diana Show	12.	Rap Check
13.	netd müzik	13.	Varion
14.	Troom Troom De	14.	EpicStun
15.	Arazhul	15.	Krench Royale
16.	Pencilmation	16.	Kuruluş Osman
17.	Peppa Pig Deutsch - Offizieller Kanal	17.	SPORT1
18.	Tayo Der Kleine Bus Tayo Deutsch	18.	SparkofPhoenix
19.	Sham Drama شام درما	19.	LarsOderSo
20.	Kids Tv Deutschland - Deutsch Kinderlieder	20.	MIRACULOUS - Geschichten von Ladybug und Cat Noir

Wie man an der Gegenüberstellung sehen kann, hat sich die Umfeldliste deutlich verändert, aber sie entspricht vermutlich noch immer nicht dem Optimum, sodass man permanent ein Auge auf die Optimierung legen muss.

Interessant ist in dem Zusammenhang, dass YouTube die Kinderumfelder gar nicht so kritisch sieht. Die Argumentation ist, dass es Umfelder sind, die ja auch von Eltern und Kindern gemeinsam genutzt werden. Die meisten Eltern werden bestätigen können, dass man das Kind nicht vor das iPad setzt, um dann in Ruhe gemeinsam Peppa Wutz zu schauen, sondern um seine Ruhe zu haben. Zudem gibt es ein – leider noch viel zu unbekanntes – Kinder-YouTube ohne Werbung. Hier kann dann vermieden werden, dass auf die Werbe-ID des iPads der Eltern ausgesteuert wird.

Ähnlich verhält es sich mit den Musikumfeldern von z. B. Vevo. Diese sind qualitativ hochwertig und generieren in den Kampagnen generell sehr gute Werte, da die Durchsehraten hoch sind. Das mag daran liegen, dass die User den Musikstream sehr intensiv nutzen, aber auch daran, dass der Stream als Hintergrundmusik läuft und gar nicht aktiv genutzt wird. Sollte dies der Fall sein und in dementsprechend hohe Durchsehraten resultieren, würde der Algorithmus verstärkt auf diese Umfelder aussteuern, was dann bedeuten könnte, dass vermehrt Audio-Kontakte statt Video-Kontakte generiert werden.

Dies soll nur exemplarisch aufzeigen, dass eine intensive Beschäftigung mit den Umfeldern extrem sinnvoll ist, um die Qualität bzw. Zielgruppenerreichung gerade im Bereich Longtail oder YouTube, Facebook und Co. im Auge zu behalten.

4.2   Fazit

Die digitale Bewegtbildplanung ist sehr komplex und es gibt viele Herausforderungen, die für ein optimales Planungs- und Umsetzungsszenario berücksichtigt werden müssen. Es reicht nicht aus, digitales Bewegtbild als weiterer TV-Sender in eine Bewegtbildplanung zu integrieren, sondern es ist aus unserer Erfahrung ein deutlich höheres Involvement vor und während der Kampagnenlaufzeit notwendig, um das Maximale an Effizienz und Qualität aus dem Invest zu generieren. Eine intensive Beschäftigung mit den Umfeldern ist absolut notwendig, um eine qualitative Umsetzung sicherzustellen.

Der Leitfaden für eine Bewegtbildplanung: Zielsetzungen, Zielgruppen, Budget, Rolle im Media-Mix, Buchungsformen, Kreation, Tracking und Reporting

5

Die theoretischen Grundlagen aus den ersten vier Kapiteln sollen nun anhand von konkreten Planungsbeispielen vertieft werden. Wie weiter vorne erläutert, erhebt dieser Leitfaden keinen Anspruch darauf, alle Planungsfacetten bzw. Planungsanforderungen abzudecken. Die folgenden Cases sollen aber dazu anregen, deutlich intensiver über den Einsatz von Bewegtbild nachzudenken und mögliche Fragestellungen im Vorfeld der Kampagne zu diskutieren, um ein optimales Ergebnis zu erzielen.

Priorität hat immer die Zielsetzung der Kampagne, anhand derer ein optimaler Mix realisiert wird.

Die meisten Online-Bewegtbildplanungen verfolgen Brandingzielsetzungen, sodass die Maximierung der Reichweite bzw. die Auffüllung von Reichweite in gewissen Zielgruppen-Breaks der entscheidende Planungsfaktor ist.

Zur Erreichung des Reichweitenziels ist eine Auseinandersetzung mit folgenden Punkten notwendig, die das Grund-Set-up der Kampagne bestimmen:

- Zielgruppe: Wie groß ist das Potenzial der Zielgruppe? Welche Medien nutzt die Zielgruppe? Welche Werbeträger/Umfelder werden priorisiert genutzt? Ist die Nutzung eher regelmäßig, intensiv oder flüchtig?
- Format: Welche Formatlänge/Sichtbarkeit ist notwendig, um die Botschaft zu transportieren? Ist ein Audio-Ton notwendig, um die Botschaft an den User zu bringen?
- Timing: Gibt es relevante Saisonalitäten, Wochentage, Uhrzeiten etc.?
- Wettbewerb: Was macht der Wettbewerb?

© Der/die Autor(en), exklusiv lizenziert durch Springer Fachmedien Wiesbaden GmbH, ein Teil von Springer Nature 2020
A. Henkel und J. Merheim, *Digitales Bewegtbild im Media-Mix*, essentials, https://doi.org/10.1007/978-3-658-31963-2_5

Da das Budget meist ein limitierender Faktor ist, ist eine intensive Auseinandersetzung mit dem Pricing der einzelnen Formate notwendig, um die optimale Buchungsoption zu realisieren.

In der Medienlandschaft gibt es zum Teil signifikante Unterschiede zwischen den Preisen (TKPs) in den Tarifinformationen und den tatsächlich zu zahlenden TKPs. Es gibt auch keine Faustformel, um eine verlässliche Ratio darstellen zu können.

Um hier innerhalb des Beispiels allerdings auch die Relevanz der Kosten aufzeigen zu können, werden im Folgenden alle Preise auf ungefähre Erfahrungswerte justiert. Diese Preisindikationen dienen allein der Vergleichbarkeit und erheben keinen Anspruch auf Allgemeingültigkeit. Preisverhandlungen müssen immer individuell erfolgen, da sie von diversen Parametern abhängen.

Als Anhaltspunkte definieren wir folgende Preis-Punkte:

EXEMPLARISCHE VERGLEICHSPREISE ALS GROBE ANHALTSPUNKTE

	Bumper Ad	Pre-Mid-Post-Roll	Skippable Formate	Bewegtbildformate	
Abrechnung	TKP	TKP	TKP	TKP	cpcV
Länge	6"	< 20"	< 30"	15"	< 30"
VOD	~ 12 - 30€	~ 18 - 40€			
PROFESSIONELLER LONGTAIL	~ 8 - 20€	~ 15 - 30€			
VIDEOPLATTFORMEN	~ 3 - 8 €	~ 10 - 25 €	~ 10 - 40 €		
SOCIAL MEDIA				~ 2€ - 6€	
InAd Performance				~ 5€ - 15€	~ 0,015€ - 0,04€

Anmerkung: TKPs sind abhängig vom Volumen, Platzierung (RoN, RoC,…), Targetings; Kreation, Nachfrage, etc. und können abweichen.

Anhand der Zielsetzung, der vorliegenden Assets und der Markt-Preise kann dann eine erste Kalkulation vorgenommen werden.

Wie weiter oben schon diskutiert, möchten wir im Kern auf die häufigsten Planungsfälle eingehen:

- Planungscase 1: Digital-Only-Kampagne
- Planungscase 2: Digitale Kampagne als Ergänzung zu einer TV-Kampagne
- Darüber hinaus gibt es noch sehr viele andere Szenarien. Die vorgestellte Methodik kann prinzipiell auch auf andere Planungscases übertragen werden.

5.1   Planungscase 1: Digital-Only-Kampagne, Erhöhung der Markenbekanntheit

Briefing

- Zielsetzung:
  - Prio 1 – Erhöhung der Markenbekanntheit mit einer digitalen Kampagne
  - Prio 2 – Kommunikation markenprägender Parameter
- Marken-/Produktbekanntheit: Das Produkt hat in der Zielgruppe eine Bekanntheit von gestützt 40 %
- Zielgruppe: Speziell soll das Segment der jungen Erwachsenen 18–39 Jahre erreicht werden.
- Kreation: Es liegt ein 20″-Format, ein 10″-Format und ein 6″-Format vor
- Budget: Es gibt keine Vorgabe zum Budget, da eine optimale Kampagne entwickelt werden soll.

Auf Basis des Briefings sind folgende Kennzahlen abzuleiten:

Reichweitenziel	Kontaktziel	TKP	Budget
x %	OTS	in €	in €

Step 1: Reichweiten-Ziel
Zur ersten budgetären Annäherung orientieren wir uns an der weiter vorne definierten Mindestanforderung der Netto-Reichweite in der Zielgruppe von 30 %.

Step 2: Kontakt-Ziel
Werbung wirkt in der Regel erst nach einer gewissen Kontaktdosis, sodass wir als Anforderung 3–5 Kampagnenkontakte definieren. Dies bedeutet, dass wir im Schnitt 4 OTS (Opportunity to see) als Kampagnenzielwert ansetzen.
   Damit wären die ersten Zielanforderungen definiert.

Reichweitenziel	Kontaktziel	Format	Budget
30%	4 OTS	in "	in €

Nun beschäftigen wir uns mit der Zielgruppe.

Step 3: Zielgruppen-TKP
Bei der Definition des Zielgruppen-TKPs ist zwingend darauf zu achten, dass man den Einkaufs-TKP (also das, was man an den Vermarkter zahlt) nicht mit dem Zielgruppen-TKP (der Preis für 1000 Kontakte in der Zielgruppe) gleichsetzt.

Gemäß Briefing soll die Zielgruppe der 18–39-Jährigen angesprochen werden und eine Netto-Reichweite von 30 % in der Zielgruppe erzielt werden.

Das Zielgruppenpotenzial der 18–39-Jährigen beträgt beispielhaft aus der MA 2020 rund 21,6 Mio. Personen.

Mit dem Ziel 30 % der Zielgruppe erreichen zu wollen, resultiert ein Ziel-Potential von 6,48 Mio. Personen.

Reichweitenziel (30% der 18-39j.)	Kontaktziel	Zielgruppen-TKP	Budget
6.480.000	4 OTS	in €	in €

Dieses Potenzial gilt es nun mit 4 OTS zu erreichen:

Das, was in der TV-Planung über die Voreinstellungen zur Zielgruppe „automatisch" passiert, ist die Kalkulation auf einen Zielgruppen Cost per GRP. Die Leistungsprognose findet auf die Zielgruppe und die Werbeblockreichweite statt und die Kosten für das jeweilige Format/den Werbeblock werden anhand der Zielgruppen TKPs oder der Cost per GRPs ermittelt.

Das passiert in der digitalen Bewegtbildplanung nicht automatisch, sodass man über einen meist manuellen Prozess diesen Wert ermitteln muss. Als Basis liegt nur der Einkaufs-TKP vor.

Wie kommt man aber vom Einkaufs-TKP auf den effektiven Zielgruppen-TKP? Zu diesem Zweck muss man sich mit drei Komponenten beschäftigen:

1. Targeting-Güte – wie gut kann die Zielgruppe erreicht werden?
2. Durchsehrate – wieviel Prozent des Spots werden geschaut (vgl. Blockreichweite)?
3. Umfeld-Güte (Zielgruppen-Affinität) – wie gut kann die Zielgruppe in einem Umfeld erreicht werden?

Die Datenlage und die Erfahrungswerte der Vermarkter zu diesen Komponenten sind sehr differenziert, sodass initial ein gewisser Zeit-Invest und Kompetenzaufbau notwendig ist, um nutzbare Werte zu erhalten.

Zur Targeting-Güte
Die Targeting-Güte gibt Aufschluss darüber, wie viele Informationen über den jeweiligen Nutzer vorliegen, damit eine Wunsch-Zielgruppe möglichst streuverlustfrei erreicht werden kann. Je höher die Targeting-Güte ist, umso exakter kann die Zielgruppe erreicht werden.

Durch die starke Abhängigkeit von den vorliegenden Informationen wird sehr schnell klar, dass die Anbieter im Vorteil sind, die selbst über eine hohe Anzahl an Informationen zur Zielgruppe verfügen. Diese besitzen sog. „First-Party-Daten" und können diese für die Aussteuerung der Kampagne nutzen. In dieser Kategorie finden sich Social-Media-Anbieter, E-Mail-Provider,... also alle Anbieter, die Registrierungsprozesse haben und dementsprechend den User sehr genau kennen.

Anbieter, die selbst keine Daten aus Registrierungsprozessen generieren können, müssen sich behelfen und die Zielgruppen-Anteile über sog. Ad Verification Tools ermitteln, die Sites und Umfelder anhand von soziodemografischen Paneldaten clustern. Damit bekommt man eine Site- und Umfeld-Struktur und kann dementsprechend auf diese Daten im Targeting zurückgreifen. Zu dieser Kategorie gehört das Gros aller Websites, da die meisten Websites ohne Registrierung etc. nutzbar sind.

Weitere Modelle zur Generierung von Zielgruppeninformationen fokussieren sich auf das Nutzungsverhalten der User und weniger auf die demografischen Strukturen. Entsprechend können durch das Surf-Verhalten Cluster gebildet werden, da man davon ausgehen kann, dass das Surfverhalten eines 20-Jährigen deutlich anders ist, als das eines 50-Jährigen, und auch Interessengebiete definiert.

Des Weiteren gibt es auch alternative Ansätze wie beispielsweise von dem Anbieter Factor 11. Dieser geht im Markt einen differenzierten Weg und bietet per se kein Targeting an, da zum einen auf garantierten Performance-Parametern abgerechnet wird, und zum anderen aus der Erfahrung die notwendigen

Targeting-Aufschläge nicht dazu geführt haben, dass über eine Verbesserung der Kampagnenperformance die Mehrkosten kompensiert wurden.

Aus den Ausführungen wird klar, dass mit steigendem Informationsgehalt zu den Usern auch die Targeting-Güte steigt. Mit geringer werdenden Informationen sinkt diese. Leider ist die Informationslage bei den Vermarktern dazu relativ gering, da dieser Aspekt für die Anbieter, die über keine First-Party-Daten verfügen, letztlich nicht besonders positiv ist. Denn so können Kunden direkt ahnen, dass die Zielgruppenerreichung eher geringer ist, als man es von dem digitalen Umfeld erwarten würde.

Um die Auswirkungen der Targeting-Güte auf den Einkaufs-TKP aufzuzeigen, wurden für die einzelnen vorher beschriebenen Segmente Erfahrungswerte angesetzt, die natürlich je nach Website-Belegung abweichen können und dementsprechend nur als grober Richtwert dienen sollen. Exakte Daten sollten dann im konkreten Planungsfall von den Anbietern abgefragt werden:

Basis ist die Briefing-Zielgruppe E. 18–39 Jahre:

- Social-Media-Plattformen ca. 10 % Streuverluste → Targeting-Güte = 90 %
- Plattformen, die teils Log-in-Daten ergänzt aus Daten aus dem Surfverhalten besitzen ca. 30 % Streuverluste → Targeting-Güte = 70 %
- Plattformen, die ausschließlich auf Daten aus dem Surfverhalten zurückgreifen ca. 40 % Streuverluste → Targeting-Güte = 60 %

Beispielrechnung eines Werbemittels mit einem Einkaufs-TKP von 10 € unter Berücksichtigung der Streuverluste bzw. Targeting-Güte:

- Einkaufs-TKP = 10 € -> 10 % Streuverlust -> Zielgruppen-TKP = 11 €
- Einkaufs-TKP = 10 € -> 30 % Streuverlust -> Zielgruppen-TKP = 14 €
- Einkaufs-TKP = 10 € -> 40 % Streuverlust -> Zielgruppen-TKP = 20 €

Aus dieser Darstellung ist ersichtlich, dass die Betrachtung des Zielgruppen-TKPs elementar wichtig ist, um eine realistische Bewertung des digitalen Mediums auch im Vergleich zu anderen Mediengattungen durchführen zu können.

Jetzt haben wir uns in diesem Beispiel-Case nur mit dem Segment E. 18–39 Jahre beschäftigt und der interessierte Leser wird sich sicher die Frage stellen, ob es weitere Auswirkungen hat, wenn man weitere Zielgruppenkriterien hinzunimmt.

Die Berücksichtigung weiterer Zielgruppenkriterien führt zwangsläufig zu einer weiteren Reduktion der Targeting-Güte. Diese gilt natürlich weniger stark für die First-Party-Datenanbieter, aber umso mehr für die Anbieter, die über keine originären Daten verfügen.

Generell kann man von folgenden weiteren Reduktionen ausgehen, wenn man die Anzahl der Zielgruppen-Items auf Basis demografischer Items erhöht.

Alter *und* Geschlecht:

- Social-Media-Plattformen ca. 15 % Streuverluste → Targeting-Güte = 85 %
- Plattformen, die teils Log-in-Daten ergänzt aus Daten aus dem Surfverhalten besitzen ca. 40 % Streuverluste → Targeting-Güte = 60 %
- Plattformen, die ausschließlich auf Daten aus dem Surfverhalten zurückgreifen ca. 50 % Streuverluste → Targeting-Güte = 50 %

Um Streuverluste zu ermitteln, müssen Verifizierungsanbieter oder auch einzelne Vermarkter diese auch über Technologien und Panels verifizieren können. Deshalb ist es meist besonders schwer, die Streuverluste bei weiteren Merkmalen wie z. B. Haushaltsnettoeinkommen, beruflicher Status und insbesondere Interessen, anzugeben bzw. auszuweisen.

Schlussfolgerung

Je mehr Kriterien angesetzt werden, umso mehr wird die Targeting-Güte zum „Glücksspiel". Wenn man versucht Kriterien anzusetzen, die man in manch einer Print-Zielgruppe sieht („Hedonisten, die nachhaltig leben und mindestens einmal im Monat vegan essen"), dann sollte man tunlichst vermeiden, diese Zielgruppe im Digitalen nachbauen zu wollen und gleichzusetzen. Es können nur grobe Annäherungen ggfs. für den Fit mit der Kreation nachgebaut werden, die aber häufig von Vermarkter zu Vermarkter, da viele ihre eigenen Datenquellen haben und ansetzen, variieren und häufig nicht wirklich zu verifizieren sind. Ob diese Mehrkosten für das Targeting, sei es durch direkte Aufschläge oder Einschränkung, die sich auf das verfügbare Potenzial im Auktionsverfahren, in Form von Uplifts in der Wirkung rentieren, steht wiederum auf einem anderen Blatt und müsste individuell erforscht werden.

Beispiel: Wenn es sich um eine Zielgruppe handelt, die demografisch einzugrenzen ist, empfehlen wir das in den meisten Fällen, da die relevante Zielgruppe meist breiter ist, als die Heavy User der Plattform, die nicht überpenetriert werden sollen. Um hier eine Gleichverteilung in der Auslieferung zu ermöglichen, empfehlen wir eine bis maximal zwei demografische Kriterien. Wenn weitere Kriterien wie beispielsweise „Naturliebhaber" relevant sind, sollten diese mit einem klaren Blick auf die Kosten und auch den vermeintlichen Nutzen relativiert und ggfs. eingesetzt werden. Dazu ist es sinnvoll, sich von Anfang an mit Testszenarien und Verifizierungstools auseinanderzusetzen, um hier eine maximale Klarheit und solide Entscheidungsgrundlage zu schaffen.

Zur Durchsehrate

Die Durchsehrate ist ein Kriterium, das man am ehesten mit der Werbeblock-reichweite im TV vergleichen könnte, wenn man Analogien ansetzen möchte. Die Werbeblockreichweite misst lediglich die Zuschauer, die sich zumindest theoretisch den Werbeblock anschauen. Je nach Sender und Umfeld ist die Werbeblockreichweite signifikant geringer als die Sendungsreichweite, was ent-sprechend in den Planungswerten berücksichtigt wird.

Im Gegensatz dazu gibt die Durchsehrate an, wieviel Prozent des Werbemittels angeschaut worden sind. Sie ist also eine deutlich härtere Währung, da man auch Auskunft darüber erhalten kann, was kritische Absprungpunkte sind, oder nach wieviel Sekunden die User generell abbrechen.

Auch wenn wir diese Währung als „härter" einstufen, ist hier natürlich zu beachten, dass das theoretische Werte sind, denn der Nutzer kann natürlich z. B. wegschauen, den Ton ausschalten oder auch bei mehreren Spots, wie es häufig vor Catch-up-Formaten umgesetzt wird, noch schnell etwas erledigen. Auch hier gibt es für das digitale Bewegtbild noch keine einheitliche Bewertung, weshalb es umso wichtiger ist, Erfahrungswerte zu generieren und sich, wie auch schon im Buch immer wieder beschrieben, mit der Nutzungssituation kritisch auseinander-zusetzen.

Ziel sollte es nichtsdestotrotz immer sein, Werte bzw. Trackings zu nutzen und in diesem Fall die Werbemittel dramaturgisch so aufzubauen, dass die relevanten Botschaften gleich am Anfang gesetzt werden, sodass auch bei frühem Abbruch das Kernelement der Kommunikation (auch wenn es „nur" die Brand ist) ver-mittelt werden konnte. Also genau im Gegensatz zum TV-Spot, bei dem sich der Spannungsbogen in der Regel zum Schluss auflöst.

Der Anspruch an die Planung muss sein, dass die User möglichst 100 % des Werbemittels anschauen, was sich durch die Struktur der Planung beeinflussen lässt.

An dieser Stelle ist ein enges Zusammenspiel zwischen Kreation und Media notwendig, da die Abstimmung Hand in Hand gehen muss.

Für die Durchsehrate spielen folgende Faktoren eine Rolle:

- Formatlänge
- Platzierung
- Umfeld, Device

Generell gilt im digitalen Raum: Je kürzer die Spots, desto höher die Wahrscheinlichkeit, hohe Durchsehraten zu erzielen. Dementsprechend versuchen die Vermarkter weitestgehend die Spotlängen auf ein Niveau von maximal 20″ zu beschränken.

Zur Umsetzung von Kampagnen, bei denen es notwendig ist längere Formate einzusetzen, gibt es allerdings auch vielfältige Möglichkeiten im Markt, die dann genutzt werden sollten. Die bekanntesten sind die sog. Pre-Roll-, Mid-Roll- oder Post-Roll-Buchungen, die vor, während oder nach dem Content platziert sind und nicht übersprungen werden können. Der User muss die Werbemittel schauen, um den gewünschten Content zu sehen. Recht uncharmant spricht man auch von sog. Forced Views. Diese Buchungsform ist sehr vergleichbar mit TV-Werbung, die man beim Zuschauen auch nicht vorspulen kann. Dennoch hat der User die Möglichkeit (ähnlich wie beim Zappen) abzubrechen und entsprechend auf den weiteren Content zu verzichten, oder wegzuschauen.

Speziell YouTube hat ein Format entwickelt – TrueView – das darauf ausgelegt ist, die User zu segmentieren, die Interesse an dem Produkt haben und diejenigen, die kein Interesse haben. Nach 5 s haben die User die Chance zu skippen, d. h. direkt in den Content zu gehen. Bei den verbleibenden Usern geht man davon aus, dass das Produktinteresse hoch ist, da der Spot weiter geschaut wird. Allerdings zahlt der Kunde erst dann, wenn 30″ des Spots (oftmals dann die gesamte Spotlänge) geschaut worden ist oder auch mit dem Format interagiert wurde, sodass man bei dem True-View-Format dann auch von „Kosten/Cost pro completed View" (CpcV) sprechen kann.

Ein ähnliches Modell verfolgt Factor 11, die den Fokus auf eine performancebasierte Abrechnung legen. Garantiert wird ein CpcV von einem gewissen Betrag. Dementsprechend wird der Spot so lange ausgespielt bis dieser garantierte CpcV auch erreicht worden ist. Die Spotlänge kann in diesem Fall sogar bis 30″ ausgedehnt werden.

Inwiefern diese Forced Views qualitativ schwächer zu beurteilen sind als Views, die der User aktiv wahrnimmt, soll an der Stelle nicht weiter diskutiert werden.

Durch dramaturgisch geschickte Nutzung der ersten 5″ hat man einen Hebel, um direkt in den ersten Sekunden eine starke Botschaft zu verankern, Neugierde für das gesamte Bewegtbild zu schaffen oder auch Nutzer zu selektieren. Mit Blick auf das Gros der eingesetzten Werbemittel sieht man mittlerweile zwar meist schon die Brand zu Beginn des Werbemittels, aber von einer optimalen Nutzung lässt sich nicht sprechen.

Als sehr effizientes, aber auch nicht weniger kreativ anspruchsvolles Format hat sich das 6-sekündige Bumper Ad etabliert. Im Hinblick auf Effizienz und

Wirksamkeit eines der Top-Formate. Es gibt immer wieder die Diskussion, inwiefern es möglich ist in 6″ Botschaften zu vermitteln und schwenkt dann oft auch auf längere Formate um. Das ist aus unserer Perspektive die falsche Denkrichtung. Es geht nämlich nicht primär darum, ob es möglich ist, eine Botschaft in 6″ zu kommunizieren, sondern darum, User zu erreichen. Und User haben insbesondere in der mobilen Nutzungssituation kein Interesse an langen Werbebotschaften. Dieses Format ist seitens YouTube aus der Userperspektive entwickelt worden und damit ein guter Kompromiss, die User sehr gezielt und ohne hohe Abbruchquoten zu erreichen. In der Tat gibt es mittlerweile auch sehr viele sehr gute Umsetzungsbeispiele. Aber es bedarf einer eigenen Konzeption, denn in den meisten Fällen ist es nicht der effizienteste Weg aus einem langen TV-Spot einen 6-s-Cut-Down zu machen.

Bei den Social-Media-Plattformen sind die Durchsehraten im Vergleich sehr viel geringer, da die Werbung „im Stream" der User eingebunden ist und der Interessensfokus auf anderen Inhalten liegt. Es ist schwer genug, den User per se zu einem „Halt" zu bewegen und dann noch die Aufmerksamkeit auf eine werbliche Botschaft zu ziehen umso schwerer.

Rundet man das Feld durch die Betrachtung der Devices und der genutzten Umfelder ab, so sieht man, dass das Nutzungsverhalten von Catch-up-Formaten (meist größere Devices) sehr stark dem der klassischen TV-Nutzung ähnelt – Werbepausen werden akzeptiert und durchgeschaut. Bei snackable Content (eher mobile Endgeräte) kommt man häufig nur mit kurzen Formaten durch.

Zusammenfassung Durchsehraten als grobe Richtwerte, die im Einzelfall variieren können:

- Pre-/Mid-/Post-Roll: ~80 % Durchsehrate
- True View/CpcV-Buchungen: 100 % (Abrechnung erfolgt auf Basis durchgesehener Views bzw. Interaktion mit dem Werbemittel)
- Bumper Formate: ~90 % Durchsehrate, da kurz und akzeptiert

Social Media mit Fokus auf Facebook und Instagram ist in diesem Kontext schwer zu vergleichen, da die Nutzung sich stark von der des Bewegtbildcontents unterscheidet. Generell wird empfohlen, kürzere Formate zu nutzen. Im Durchschnitt setzen wir aus Erfahrungswerten eine durchschnittliche Wiedergabezeit über alle Formate von 1,2 s an.

Schlussfolgerung

Auf Basis der Zielsetzungen, der vorliegenden Werbemittel und der Inhalte, die es zu kommunizieren gilt, ist ein optimales Set-up gemäß der Buchungsoptionen zu selektieren.

Nachdem wir uns nun intensiv mit der Targeting-Güte beschäftigt haben, kann anhand der Briefing-Kriterien ein optimaler Mix zusammengestellt werden:

Prio 1: Erhöhung der Markenbekanntheit

Dieses Ziel kann optimal mit dem kurzen Bumper-Ad-Format generiert werden, sodass hier der 6″-Spot zum Einsatz kommen sollte.

Prio 2: Kommunikation markenprägender Inhalte

Es ist notwendig, längere Formate zu platzieren und diese vermutlich im Mix aus garantiert durchgesehenen Views und Pre-/Mid-Roll-Platzierungen zu realisieren.

Während die garantierten Views eine Grundawareness sicherstellen, ermöglichen die Pre-Rolls die gezieltere Platzierung in z. B. Catch-TV-Formaten, die über den Abstrahleffekt einen positiven Benefit auf die Marke auslösen können.

Fragen, die es jetzt zu beantworten gilt:

1. Wieviel Impressionen müssen eingekauft werden, um die gewünschten Zielgruppenkontakte zu generieren?
2. Wie sollte der Mix aus Bumper und 20″-Formaten aussehen? Den Schwerpunkt sehen wir bei dieser Planung bei den Bumper-Formaten (höchste Effizienz), um der Prio-Zielsetzung zu entsprechen. Der Anteil liegt bei dieser exemplarischen Planung bei 75 %. Die weiteren 25 % werden zu gleichen Teilen aufgeteilt.

Exemplarisch haben wir ein breites Set-up an Vermarktern gewählt, um die Unterschiede aufzeigen zu können. In der Realität würde man sich sicher auf ein kleineres Set-up an Vermarktern fokussieren.

Reichweiten-Ziel (18-39 Jährige)	Format	Vermarkter	Durchsehrate	komplett durchgesehene Spots in der Zielgruppe	Targeting-Güte	OTS	Einzukaufende Views
	6 ″	Videoplattformen	90%	3.860.000	70%		18.380.952
	6″	Social Media	20%	1.000.000	90%		16.666.667
6.480.000	20 ″	Skippable Formate	100%	540.000	70%	3	2.314.286
	20 ″	In Ad	100%	540.000	50%		3.240.000
	20 ″	VOD	80%	540.000	60%		3.375.000
				6.480.000			43.976.905

Zur Erreichung der Zielparameter 30 % Zielgruppen-Reichweite bei 3 OTS müssen in diesem Szenario ca. 44 Mio. Impressionen/Views eingekauft werden. Überschneidungskontakte sind nicht mit eingerechnet worden.

Step 4: Budgetermittlung

Setzen wir die exemplarischen Durchschnitts-TKPs gemäß unserer Tabelle an, ergibt sich bei dem vorgestellten Mix folgender Budgetbedarf:

Reichweiten-Ziel (18-39 jährige)	Format	Vermarkter	Durchsehrate	komplett durchgesehene Spots in der Zielgruppe	Targeting-Güte	OTS	Einzukaufende Views	TKP's / cpcV	Kosten
	6"	Videoplattformen	90%	3.860.000	70%		18.380.952	5,50 €	101.095,24 €
	6"	Social Media	20%	1.000.000	90%		16.666.667	4,00 €	66.666,67 €
6.480.000	20"	Skippable Formate	100%	540.000	70%	3	2.314.286	0,025 €	57.857,14 €
	20"	In Ad	100%	540.000	50%		3.240.000	0,028 €	89.100,00 €
	20"	VOD	80%	540.000	60%		3.375.000	29,00 €	97.875,00 €
				6.480.000			43.976.905		412.594,05 €

Exemplarisch möchten wir noch den ungefähren Reichweitenbeitrag darstellen, um ein noch besseres Gefühl für die Relation zwischen Leistung und Kosten erzielen zu können.

Wichtig ist hier noch mal zu sensibilisieren, dass man die Reichweiten nicht addieren darf, da Überschneidungen nicht berechnet sind. Es geht lediglich um die Sensibilisierung für etwaige Leistungsbeiträge.

Vermarkter	Länge	Targeting	TKP Einkauf n/n	cpcV Einkauf n/n	ZG Anteil	DSR	TKP ZG	Adimpressions	Adimpressions in der ZG	NRV in Adimpressions	OTS	Kosten	RV in %
Videoplattformen	6"	Erwachsene 18-34	5,50		70%	90%	8,73	18.380.952	11.580.000	3.860.000	3,00	101.095,24	18%
Social Media	6"	Erwachsene 18-34	4,00		90%	20%	22,22	16.666.667	3.000.000	1.000.000	3,00	66.666,67	5%
Skippable Formate	TrueView 20"	Erwachsene 18-34	25,00	0,025	70%	100%	35,71	2.314.286	1.620.000	540.000	3,00	57.857,14	3%
In Ad	20"	kein Targeting	27,50	0,028	50%	100%	55,00	3.240.000	1.620.000	540.000	3,00	89.100,00	3%
VOD	20"	Erwachsene 18-34	29,00		60%	80%	60,42	3.375.000	1.620.000	540.000	3,00	97.875,00	3%

Mit einem Budgetanteil von rund 22 % generiert der Bumper innerhalb der Videoplattformen bereits 60 % des Leistungsbeitrages zur Netto-Reichweite.

Exemplarisch möchten wir den Plan nur auf das Bumper-Format und einmal im Mix mit dem In Ad als Anbieter außerhalb Bewegtbildcontent mit dem 20″-Format darstellen. Zu berücksichtigen ist bei beim In Ad, dass kein bzw. kaum Targeting möglich ist und der Anbieter bei komplexeren Zielgruppen möglicherweise schwächer abschneiden würde.

Vermarkter	Länge	Targeting	TKP Einkauf n/n	cpoV Einkauf n/n	ZG Anteil	DSR	TKP ZG	AdImpressions	AdImpressions in der ZG	NRV in AdImpressions	OTS	Kosten	RV in %
Videoplattformen	6"	Erwachsene 18-34	5,50		70%	95%	8,27	29.233.083	18.440.000	6.480.000	3,00	160.781,95	30%

Vermarkter	Länge	Targeting	TKP Einkauf n/n	cpoV Einkauf n/n	ZG Anteil	DSR	TKP ZG	AdImpressions	AdImpressions in der ZG	NRV in AdImpressions	OTS	Kosten	RV in %
Videoplattformen	6"	Erwachsene 18-34	5,50		70%	95%	8,27	21.924.812	14.580.000	4.860.000	3,00	120.586,47	23%
In Ad	20"	kein Targeting	27,50	0,03	50%	100%	55,00	9.720.000	4.860.000	1.620.000	3,00	262.440,00	8%

Es ist also möglich, die gleiche Leistung durch die Justierung der Planung um rund 240 T€ bzw. 100 T€ günstiger zu realisieren.
Dennoch sollten zwei Dinge als Take-away verinnerlicht werden:

1. Online ist kein günstiger Kanal, wenn man wirksame Ergebnisse erzielen will.
2. Eine enge Verzahnung zwischen Media und Kreation ist zwingend notwendig, um eine effiziente Kampagne aufsetzen zu können, bevor man das „falsche" Format nicht wirkungsstark platzieren kann.

Ergebnis der Planungen

Mix	Reichweitenziel	Kontaktziel	Format	Zielgruppen-TKP	Budget
Breiter Vermarkter-Mix	30%	3 OTS	6"+20"	Ø- 36€	413T€
Bumper Videoplattformen	30%	3 OTS	6"	8€	161T€
Bumper Videoplattformen + InAd	30%	3 OTS	6"+20"	Ø- 32€	383T€

Auf Basis dieser Spannbreite ist klar, dass es notwendig ist, sich sehr intensiv mit der vorliegenden Kreation, den Zielsetzungen, dem vorhandenen Budget und einer möglichen Kampagnenkontinuität zu beschäftigen.

Hinzu kommen noch Themen, die in einer solchen initialen Abhandlung zum Thema Digitalbildplanung im Detail zu weit gehen würden: Überschneidungen zwischen den einzelnen Marktplayern, Auswirkungen auf den OTS, die Erreichbarkeit von Heavy Usern vs. Light Usern in den jeweiligen Vermarktungssegmenten, Umgang mit unterschiedlichen Zielgruppensegmenten (Stichwort: Standard-Demografien von beispielsweise YouTube). Diese Parameter runden dann die Planung ab und sind aus unserer Erfahrung additiv zu berücksichtigen, um das Optimum aus der Kampagne herauszuholen.

5.2   Planungscase 2: Digitale Bewegtbildkampagne als Ergänzung zur TV-Kampagne

Briefing
Ausgangssituation:
Für die Zielgruppe E. 20–59 Jahre wird eine breit angelegte TV-Kampagne umgesetzt mit einem wöchentlichen Werbedruck von 100 GRPs über 6 Kampagnenwochen. Die Strukturanalyse der Kampagne hat gezeigt, dass es im Segment der 20–29-Jährigen ein Leistungsdefizit gibt, welches durch gezielte digitale Aktivitäten geschlossen werden soll. Es handelt sich um eine Einführungskampagne für ein neues Produkt, sodass es aus Kundensicht wichtig ist, einerseits den kompletten 20″-TV-Spot sowie explizite Verwendungsanlässe zu kommunizieren, die im TV über 5″ penetriert werden.

Zielsetzung
- Prio 1 – GRP-Ausgleich in der Zielgruppe E. 20–29 Jahre
- Prio 2 – Verstärkung der Verwendungsanlässe

Parameter
- Kreation: Es liegt der dramaturgisch angepasste 20″-TV-Spot vor und vier 6″-Formate mit unterschiedlichen Verwendungsanlässen.
- Budget: tbd. bis maximal 350.000 €

Im Vergleich zu dem ersten Planungscase gilt es nun, gezielt GRPs in der jüngeren Zielgruppe zu generieren und damit den GRP-Index auf das durchschnittliche Kampagnenniveau zu heben.

Generell ist zunächst ein Blick auf die Struktur der TV-Kampagne notwendig, um die Defizite zu ermitteln und eine Ableitung für die notwendigen GRPs zu erzielen.

	Pot. (Mio.)	GRP-INDEX	OTS-INDEX	NRW-INDEX
E. 14+	68,317	100	100	100
E. 20-59	42,138	108	105	103
WEIBLICH	34,924	102	102	100
MÄNNLICH	33,393	98	98	100
E. 14 - 19	4,742	42	58	79
E. 20 - 29	9,31	75	80	94
E. 30 - 39	9,335	101	97	104
E. 40 - 49	10,87	114	110	104
E. 50 - 59	12,623	133	142	108
E. 60 - 69	9,317	118	115	105
E. 70+	12,12	79	814	97
HHNE < 1.000€	5,118	200	192	104
HHNE 1.000 - < 2.000€	16,749	127	120	106
HHNE 2.000 - < 3.000€	18,449	96	94	102
HHNE > 3.000€	28,000	68	72	95

Der Strukturaufriss zeigt, dass in der Zielgruppe der 20–29-Jährigen nur ein Index von 75 erreicht wird, sodass zum Ausgleich dieses Segments bezogen auf das Gesamt-GRP-Niveau von 600 in dem Segment über die 6 Wochen 6×25 GRP = 150 GRP fehlen.

Die generelle Herangehensweise bleibt identisch zum ersten Planungscase, wobei nun als erstes die Frage aufkommen wird, wie aus den Parametern ein GRP ermittelt werden kann.

Der GRP in der Zielgruppe ermittelt sich analog zum TV-Bereich. Netto-Reichweite in der Zielgruppe x OTS = GRP. Eine qualitative Gewichtung nehmen wir an der Stelle nicht vor, sondern bewerten den GRP zwischen TV und digital im Verhältnis 1:1.

Wie man der indizierten Darstellung entnehmen kann, liegt das OTS-Niveau in dem Segment auch mit einem Index von 80 unter dem Durchschnittsniveau, es kann aber mit 2 OTS pro Woche auf das gewünschte Niveau gehoben werden. Notwendig ist also eine Zielgruppen-Reichweite von 12,5 % pro Woche bei 2 OTS = 25 GRP/Woche.

Zielparameter der Planung

Reichweitenziel	Kontaktziel	GRP-Ziel	Format	Budget
12,5%	2 OTS	25	tbd.	tbd.

Das Potenzial der E. 20–29-Jährigen beträgt 9,7 Mio. Personen, sodass es gilt, von ihnen pro Woche rund 1,2 Mio. Personen mit im Schnitt 2 Kontakten zu erreichen.

Auf Basis der Zielsetzung bietet sich wiederum ein Mix aus längeren Formaten und den Bumper-Formaten an. In dem Fall sehen wir auch einen Einsatz von VoD, da hier Pre-Rolls mit hohen Durchsehraten und auch Multiplyingeffekten zu TV-Zuschauer im digitalen Kontext geboten werden.

In einer ersten Budgetallokation könnte sich ein sinnvoller Mix aus VoD und Videoplattformen ergeben. Exemplarisch werden die Views gleichverteilt, da es 3 Bumper-Formate gibt, die Verwendungsanlässe zeigen und jeweils ein entsprechendes Niveau benötigen, um eine ausreichende Sichtbarkeit zu generieren.

Zur Erreichung der geforderten Leistungsparameter ist ein Startwochenbudget von rund 82 T€ notwendig.

Reichweiten-Ziel (20-29 Jährige)	Format	Format	Vermarkter	Durchsehrate	View-Bedarf in der Zielgruppe	Targeting-Güte	OTS	Einzukaufende Views	TKP's / cpcV	Kosten
1.200.000	Bumper	6 "	Videoplattformen	95%	600.000	70%	2	1.804.511	5,50 €	9.924,81 €
	Pre-Roll	20 "	VOD	80%	600.000	60%		2.500.000	29,00 €	72.500,00 €
					1.200.000			4.304.511		82.424,81 €

Wird die Kampagne parallel zu TV geplant, würde man die gesamte Laufzeit belegen, um von den Multiplyingeffekten zwischen den Medien zu profitieren. Die OTS würde man so in der Laufzeit anpassen, dass keine Überpenetration stattfinden kann, da dies negative Effekte für die Kampagne hätte. Gehen wir von einem OTS von 6 aus, um effektiv präsent zu sein. Zur Einhaltung des Budgets werden mehrere Varianten gerechnet, um hier einen optimalen Mix zu generieren, der die Rahmenparameter und Effektivität beachtet. Entsprechend muss der

Anteil der Bumper auf rund 70 % erhöht werden. Durch diese Erhöhung kann das Budget von rund 350 T€ eingehalten werden und der CpGRP nochmals gesenkt. Für die 6 Wochen Präsenz resultieren entsprechend folgende Werte:

Vermarkter	Länge	Targeting	TKP Einkauf n/n	cpoV Einkauf n/n	ZG Anteil	DSR	TKP ZG	AdImpressions	AdImpressions in der ZG	NRW in AdImpressions	OTS	Kosten	RW in %	GRP	cGRP
Videoplattformen	6"	Erwachsene 20-29	5,50		70%	95%	8,27	15.338.346	10.200.000	1.700.000	6,00	84.360,90	18%	105	802
VOD	20"	Erwachsene 20-29	29,00		60%	80%	60,42	8.750.000	4.200.000	700.000	6,00	253.750,00	7%	43	5.860

Zusammenfassung 6

Wir haben gesehen, dass die Begrifflichkeit „Digitales Bewegtbild" ein sehr breites Spektrum an möglichen Definitionen beinhaltet und letztlich in der heutigen medialen Zeit sehr viele Medien betreffen kann. Im engsten Sinne haben wir uns auf die Möglichkeiten im Display/Mobile-Bereich fokussiert und ATV oder DOOH nicht weiter berücksichtigt, da es uns vor allem um die Abgrenzung/Ergänzung zum linearen TV ging.

Der Bewegtbildmarkt ist sehr dynamisch. Selbst in dem engen Ausschnitt, den wir uns im Kontext der Bewegtbildplanung angeschaut haben, wird es in den nächsten Jahren Entwicklungen geben, die wir heute noch gar nicht vorhersehen können. Marktplayer werden hinzukommen, oder sich aus dem Markt verabschieden und vor allem wird es im Kräfteverhältnis der einzelnen Kategorien sicherlich Umverteilungen geben. Auch ist davon auszugehen, dass die Medien (allen voran TV) sich weiter digitalisieren werden und damit die Grenzen immer weiter verschmelzen. Durch die Verschmelzung wird es auf der Tool- und Messbarkeitsebene weitere Entwicklungen geben, sodass die Datentiefe und die Datengenauigkeit zunehmen werden.

Wir haben aufgezeigt, dass man – wie bei allen Marketing-Kampagnen – das Ziel auch für die Bewegtbildplanung immer ganz klar vor Augen haben muss, um ein optimales Set-up an Werbeträgern und Werbemitteln zu realisieren. Gerade im Hinblick auf die effiziente und effektive Zielerreichung ist es zwingend notwendig, Media und Kreation sehr eng zusammen zu betrachten. Denkt und behandelt man diese beiden Gewerke bereits im Planungsprozess getrennt voneinander, sind meist Ineffizienzen die Folge.

Unser Ziel ist es, mit diesen Ausführungen dazu anzuregen, sich sehr viel intensiver mit den Herausforderungen und planerischen Details einer Bewegtbildplanung auseinander zu setzen. Hier lauern sehr viele Details, und wir wollen

© Der/die Autor(en), exklusiv lizenziert durch Springer Fachmedien Wiesbaden GmbH, ein Teil von Springer Nature 2020
A. Henkel und J. Merheim, *Digitales Bewegtbild im Media-Mix,* essentials,
https://doi.org/10.1007/978-3-658-31963-2_6

dazu motivieren, sich im Rahmen der Planungen genauso intensiv mit ihnen zu beschäftigen wie bei anderen Disziplinen.

In diesem Zusammenhang sei nochmals der Hinweis gegeben, dass wir in dieser Abhandlung nicht alle Facetten der Bewegtbildplanung abbilden konnten. Dementsprechend erheben wir auch keinen Anspruch auf Vollständigkeit und weisen darauf hin, dass es möglicherweise Produkte und Kampagnen gibt, bei denen andere KPIs funktionieren als die im Buch präsentierten.

So möchten wir auch mit einem Zitat von Theodor Fontane schließen: „Der Zauber steckt immer im Detail".

Was Sie aus diesem *essential* mitnehmen können

- Eine Einordnung des aktuellen digitalen Bewegtbildmarktes
- Orientierungspunkte für eine digitale Bewegtbildplanung
- Beispielplanungen, die eine praktische Umsetzung der Theorie aufzeigen

© Der/die Herausgeber bzw. der/die Autor(en), exklusiv lizenziert durch
Springer Fachmedien Wiesbaden GmbH, ein Teil von Springer Nature 2020
A. Henkel und J. Merheim, *Digitales Bewegtbild im Media-Mix*, essentials,
https://doi.org/10.1007/978-3-658-31963-2

Printed in the United States
By Bookmasters